Escena y escenarios

en la transferencia

Gabriela Abad

Escena y escenarios

en la transferencia

Argus-*a*

Artes y Humanidades / Arts and Humanities

Buenos Aires - Los Ángeles

2015

Primera Edición.

ISBN: 978-0-9904445-9-6

Ilustración de tapa: Isidro Rojas Paz

Editorial Argus-*a*
16944 Colchester Way,
Hacienda Heights, California 91745
U.S.A.

Calle 77 No. 1976 – Dto. C
1650 San Martín – Buenos Aires
ARGENTINA
gustavo.geirola@gmail.com

A Jorge

A mis padres

A Isidro, Ale y Nacho

AGRADECIMIENTOS

A mi maestra: Marta Gerez Ambertín

A Alicia Hartmann por su guía

A Susana Medina por su paciente y aguda lectura

A Gustavo Geirola por el pasado y el presente

A Alfredo Carol y Malena Elmiger por sus aportes y acompañamiento

A todos mis alumnos y discípulos

Gabriela Abad

PROLOGO

La verdad tiene estructura de ficción.

Jacques Lacan

"*Hace mucho tiempo*—nos dice Luigi Pirandello—*está al servicio de mi arte—pero como si fuera desde ayer—una doncella esbeltísima, por eso no nueva en el oficio. Se llama Fantasía. Usa un gorro de cascabeles*".

Gabriela Abad se ha puesto, como dice Luigi, ese "gorro de cascabeles" con su texto.

Esa Fantasía es un poco despechada y burlona, le gusta vestirse de negro, dice el autor, nosotros agregamos: a veces toma colores vívidos, hiperintensos, inesperados y a veces cobra proporciones siniestras. En otros momentos se viste de la misma manera, siempre buscando una identidad inalcanzable y es entonces cuando se cambia de nombre y la llamamos Repetición.

Los hábitos que porta hacen al corazón de su ser y nos traen *palabras, palabras, palabras*. Son cuentos a veces, relatos, novelas donde mujeres, hombres y niños transitan por el escenario del director para que con sus personajes cree algo, porque un autor ignorado que es algún Otro, después de un largo viaje, será finalmente destituido y se termina la función.

Esa doncella, la Fantasía, se divierte trayendo al escenario estos relatos de sujetos que no encuentran manera de salir, contrariados por sus proyectos, defraudados por sus esperanzas, agobiados por sus penas, sin horizonte, con la esperanza de que se les provea alguna luz para el deseo que está imposibilitado, insatisfecho o prevenido en su posibilidad de disfrutarlo, coartado más allá del esfuerzo de arribar a lo placentero. La culpa, la muerte, el mal, lo rodean siempre como sombras amenazantes.

Como director, escuchamos a los personajes, lo que no sabemos es la verdad de los hechos, ni nos interesa. Tampoco de inicio se nos brinda un mínimo perfil del autor. Se trata, como efectivamente dice Pirandello, personajes en busca de autor, habitados por ese mundo de ficciones que para ellos son necesariamente verdades. No se lo discutiremos, las dejaremos desplegarse pero muchas veces, como toda verdad subjetiva, en su carácter ficcional queda atascada en una escena fija que insiste cotidianamente.

La escena encuadra el mundo del analizante, lo sostiene y lo preserva en su caída al mundo puro, así nos dice la autora en la minuciosa lectura que hace de la obra de Freud y de Lacan. Entre *acting out* y pasaje al acto su montaje está encuadrado, las voces hablan en el escenario (de la transferencia) para incluirlas o no en el texto.

La comedia cotidiana deslizando ganancia de placer se pertrecha en la alegría de un falo que ríe, la tragedia persigue el destino del cual las "moiras" pocas veces pueden concebirla impersonalmente. Poder cuestionar, dividir a ese Otro de las motivaciones morales, Otro parental, atemperar la mirada mortífera que se convierte en visión aterradora, o tonalizar esa voz que vocifera atronadoramente, es el recorrido que hace la autora de este excelente libro que es en sí mismo un escenario del que vamos a participar como personajes de su letra, conducidos por la destreza de su pluma.

Las escenas que son de inicio traumáticas en la constitución subjetiva, que claman por escritura, se plasman en el trabajo con los sueños, en el acto fallido haciendo eclosión en la transferencia allí donde el drama estalla en el teatro del análisis. El teatro piensa, dice Alain Badiou, el análisis no piensa, horada el ser, y la autora ha pensado cómo se transita de ese *yo soy* al *yo no soy*, del *yo pienso* al *yo no pienso*. Este libro es un valioso aporte a la clínica del fantasma en la neurosis. Clínica donde lo imaginario y lo real se ponen en acto, y donde el goce se inmiscuye en la palabra. Darle lugar a la palabra: *palabras, palabras, palabras*, así dice Hamlet, convoca muchas veces al analista al corte más que a la intervención o a la interpretación. No pensamos que éste sea el espíritu de este texto, ya que no hay que olvidar que seguir el camino del deseo es su interpretación.

Palabree, palabree, nos dice Lacan en su seminario sobre el semblante. Gabriela Abad hizo con su texto acto de escritura porque este libro va a permanecer como una posible lectura de Lacan que no avala a aquéllos que piensan que la palabra sólo es goce.

- *Señores los invito a pasar a la sala.*
- *Señores, atentos, que desde la primera hasta la última página transita la función, no cabe duda que disfrutarán de este espectáculo.*

Alicia Hartmann, marzo de 2015

INTRODUCCIÓN

1. Consideraciones generales

> Cuando el analista se interroga sobre un caso,
> cuando hace su anamnesis, cuando lo prepara,
> cuando empieza a acercarse a él y una vez que
> entra en él con el análisis, cuando busca en el caso,
> en la historia del sujeto, encuentra que, de la
> misma manera que Velázquez está en el cuadro de
> las Meninas, él mismo, el analista, ya estaba allí, en
> tal momento y en tal punto de la historia del
> sujeto. Esto tendrá una ventaja: sabrá qué es lo
> que pasa con la transferencia
>
> Lacan, *Seminario 15* Clase del 27/03/1968

El recorrido que nos llevó a plantear este tema, sin ánimo de hacer anécdota, se remonta en primer lugar a nuestra pasión por el teatro y a un pasaje por la actuación. La práctica y el entrenamiento actoral dejan, entre otras cosas, una afilada mirada sobre las actuaciones de la vida cotidiana. El pasaje del escenario a la investigación y la docencia logró que la escena se instaure como un punto nodal de interés, alrededor del cual producimos desde hace más de veinte años. Como psicoanalistas sabemos que donde se posa el deseo la mirada se agudiza, porque se mira más allá de lo que se ve, se mira al sesgo, dirá Shakespeare en *Ricardo II*.

Fueron motivo de indagación las distintas escenas del arte, tanto la que eterniza el pintor en el lienzo, instante fecundo lo llama Denis Diderot, como la escena que capta el fotógrafo con su objetivo, que se instala como la realidad misma, a pesar de ser una realidad pre-formateada por su ojo. Y, finalmente, el teatro como paradigma de la escena del sujeto. Todas ellas plantearon enigmas que nos llevaron a producir sobre el tema. Montadas para velar el abismo de lo real, se constituyen en la morada del sujeto, en ese lugar de ficción entretejido con significantes; semblantes que van haciendo del mundo un lugar familiar, que no por ello deja de mostrar su costado siniestro. El arte, como aquello que da rostro al malestar, tal como lo planteó Lacan, revela su carácter ficcional y nos permite interrogar todas las otras escenas de la cultura que, a diferencia del producto artístico, se muestran naturalizadas y ocultan su raigambre de ficción. Todas, escenas que velan pero al mismo tiempo revelan. Se debaten entre el engaño, lo mentiroso y lo fingido, y pero son la única forma que toma la verdad. Se convierten en el camino necesario para alguna verdad del sujeto pueda ser dicha, aunque siempre atrapada entre lo verdadero y su mero representante, tal como plantea Corinne Enaudeau en *La paradoja de la representación*.

La investigación del entrecruzamiento de los discursos psicoanalítico y penal nos condujo hacia otra arista de lo escénico: las liturgias, los rituales, los blasones que remiten a escenas heroicas, escenas míticas que entretejen la genealogía. En definitiva, a interrogarnos porqué la ley necesita de escenas para instaurarse. Escenas teñidas de precisas ceremonias que conducen a los hombres por los desfiladeros de la prohibición. Incluso cuando la violencia del delito rompe el lazo social, es el ritual del juicio, como escena fundacional, el primer paso para restaurarlo.

Pero fue la clínica la que determinó el curso de nuestros interrogantes. Si nos remitimos a una arqueología del psicoanálisis, no podemos dejar de impactarnos con las histéricas de Charcot que tanto alimentaron la fotografía y la pintura de fines del siglo XIX con escenas que revelaban el padecimiento de la feminidad de la época, ofreciendo su dolor a un médico que montaba escenarios para su despliegue, abonando su producción. Los fotógrafos captaron lo que la ciencia no lograba decir, el erotismo presente en lo que las histéricas daban a ver. Erotización del sufrimiento a la que la presencia del médico no era ajena. Tal como lo capta la fotografía, Charcot estaba incluido en el cuadro.

Pero fue Freud el primero que abre la pregunta sobre su lugar en aquello que era dado a ver, e incluso se interroga sobre su participación en las escenas que las pacientes ofrecían en sesión. La pregunta de Freud señala el camino para teorizar la transferencia y, a partir de ella, el método. La investigación de Freud incluye la presencia del analista en el cuadro, tal como lo plantea Lacan en la cita del epígrafe.

El método irá modificándose conforme a la concepción del sujeto del inconsciente que se va construyendo y esos cambios se verán reflejados en la escena que se plantea en el consultorio. Es el lugar que se le asigna a la mirada del analista lo que determina las variantes. Mientras en la hipnosis prima el protagonismo de la mirada, cuando pasa a la sugestión, apoyando la mano en la frente, el paciente ya se recuesta y el médico no está en la mira para dar lugar al teatro interior. Sin embargo, su presencia cobra la fuerza de guiar el derrotero del recuerdo. Lo dado a ver y a decir está manifiestamente guiado por su presencia. Pero cuando se sustrae definitivamente de la mira y solo indica asociar libremente, resulta que su presencia en el cuadro continúa. Este obstáculo da lugar a los desarrollos sobre la transferencia, tema que Freud comienza a plantear en los *Escritos técnicos*.

Como vemos, escena y transferencia están intrincadas desde el inicio pero esta relación no fue objeto de profundo análisis en la bibliografía analítica. Constituida casi en palabra prohibida, la escena se pensó como aquello que se debía minimizar o borrar de la clínica. Consideramos que este pensamiento actuó como obstáculo para trabajar el tema.

Sostenemos que la relación entre ambos términos, escena y transferencia, abre francas posibilidades de repensar la práctica analítica y la dirección de la cura, fundamentalmente ahora, en estos tiempos de declinación simbólica, que nos encontramos con sujetos que tienen serias dificultades para poner en palabras los padecimientos subjetivos que los aquejan. Esto trae aparejado que el malestar se manifieste con montajes escénicos, ya sea por sobreactuaciones como las crisis histéricas y sus manifestaciones, o los ataques de angustia, mal llamados ataques de pánico, o las crisis de locura. Amenazas o intentos de suicidio que se caracterizan por un exceso de montaje. Y también aparecen, como su contracara y como una de las marcas de la época, los que no hacen escena alguna: los flagelos en el cuerpo, heridas y cortes autoproducidos. Todas las manifestaciones mencionadas tienen en común que no apelan al síntoma como mensaje cifrado, no producen asociación libre y, por lo tanto, tampoco son susceptibles de interpretación.

Estas nuevas subjetividades exigen una muy buena lectura e interpretación de las puestas en escena, o de las marcas mudas, para reencauzar la cura por el camino discursivo, o posibilitar que alguna escena se construya como soporte de la subjetividad amenazada.

En estos tiempos de la posmodernidad hay cada vez menos espacios que alojen la subjetividad, el lazo social está debilitado y por lo tanto se donan menos herramientas simbólico-imaginarias para que el sujeto verbalice el dolor de existir. Esta falta de recursos lo deja en el borde de la escena del mundo, siempre al borde del desborde: suicidios, asesinatos, accidentes al modo del *acting out* o del pasaje al acto. Estas circunstancias nos plantean de forma urgente e indispensablemente que trabajemos sobre las condiciones del tramado de una escena que sostenga a los sujetos para que no sea necesario montar estos pedidos de ayuda desesperados.

2.   La escena entre el teatro y la clínica

Consideramos que es importante definir en primera instancia lo que entendemos como escena desde el campo de lo teatral. Tomaremos para ello la conceptualización de Roland Barthes cuando dice que el teatro es:

> la práctica que realiza cálculos sobre aquellas partes de las cosas que son objeto de la mirada: Si pongo aquí el espectáculo, el espectador verá esto o lo de más allá; si lo pongo en otro lugar, no lo verá y esta ocultación podría aprovecharse en beneficio de una ilusión: la escena es justamente la línea que corta el haz óptico y al hacerlo traza el límite y la parte frontal de su expansión: de este modo, contra la música (contra el texto), tendría su fundamento la representación. (93)

Nos interesa esta definición porque destaca la relación fundamental que se establece entre la escena y la mirada, cuestión que consideramos fundamental para nuestra investigación y que no debemos perder de vista nunca. Una vez subrayado esto, ingresamos en el ámbito del psicoanálisis: en los primeros textos freudianos la escena aparece asociada a lo traumático. Las escenas traumáticas son la construcción que se realiza en análisis para velar las vivencias de tipo sexual de la primera infancia. Para que una escena pueda cubrir lo traumático es necesario que esto se reprima y se constituya como recuerdo inconsciente. Estas escenas, a pesar de ser un producto de la fantasía, llevan el germen de una verdad subjetiva que el trabajo de análisis busca inscribir.

Nos parece interesante indagar si en la obra de Freud la escena es siempre un intento de velar lo traumático e inscribirlo en el sistema inconsciente. Porque en muchas ocasiones, estas escenas hacen su aparición como *acting-out* en tanto despliegan un montaje escénico que el sujeto repite en sesión; a veces, pueden aparecer como pequeños rituales o como irrupciones ocasionales, ya sea al modo del automatismo, al modo del *Fort-Da* o compulsadas por una fuerza irrefrenable, y cuando toman estas formas se tornan sobreactuadas. Aquí podemos pensarlas más como llamados de atención, aunque esto no necesariamente indica que no estén velando algo, aunque sea precariamente.

De igual manera funciona la escena del sueño en la neurosis. Tal como Freud la concibe, es un montaje que el sujeto elabora por medio del sistema inconsciente y sus leyes, y su objetivo es dar cumplimiento a un deseo inconsciente. La escena que el sueño elabora es la pantalla tras la cual este deseo, insoportable para el yo, puede manifestarse. Aun la que montan los sueños traumáticos, por lábil que resulte, ya que, de hecho, interrumpe el sueño, se posiciona como un cobijo frente al trauma.

Estas dos formas de la escena en Freud, la traumática y la del sueño, cada una con sus particularidades, nos llevan a pensar que la escena tiene la triple función de velar lo traumático, intentar elaborarlo y sostener al sujeto del deseo.

Este tema, a pesar de tener una importancia tan radical, no se encuentra reunido con frecuencia en la bibliografía psicoanalítica. Incluso en los textos de Freud y Lacan hay por momentos formulaciones paradojales: lo escénico alude tanto a lo estructural del sistema inconsciente, como así también a lo mentiroso, a lo sobreactuado, a aquello que hay que combatir y minimizar.

Por ejemplo, en Freud, el concepto de escena se desliza al ámbito de la transferencia en la neurosis, y aquí también nos encontramos con formulaciones contradictorias. Las escenas que se montan en sesión como producto de la repetición, como recuerdos en acto, expresan aquello que no puede ser tramitado por la vía discursiva e ingresan por el lado del montaje escénico; en este caso, aluden a momentos puntuales del trabajo analítico. Pero luego, el mismo Freud dirá que todo lo que ocurre en la sesión analítica es del orden de la repetición y puede leerse como una puesta en escena en ese ámbito artificial donde la neurosis se despliega. La partida de la cura se juega en esa escena. Pasa de ser un hecho aislado y puntual a formar parte de la estructura de una sesión analítica.

Por esta razón nos proponemos estudiar las condiciones bajo las cuales se arman estos montajes y el lugar del analista como su causa. Nos preguntamos hasta qué punto estas escenas que se montan en la transferencia son el único camino para velar e inscribir el trauma, y para permitir que el deseo inconsciente se manifieste.

Esta línea de trabajo freudiana es retomada por Lacan, estableciendo desde el inicio de su obra que las escenas que monta un sujeto tienen esta condición de pantalla, de velo a lo real. En cuanto a la relación entre la escena y la transferencia, también circunscripta al ámbito de la neurosis, Lacan insiste en el recurso al teatro para dar cuenta de lo que sucede en la sesión analítica. De esta manera, deja planteado el interrogante sobre las analogías posibles entre una escena y la otra, siempre en la línea de lo que plantea O. Mannoni,

> Una multitud, incluso oscura y vulgar, reconoce su verdad,
> que es también su ilusión, ante las mentiras del teatro, de
> sus sueños, de sus lecturas y sus pasiones. Por doquier,
> tanto en nosotros como fuera de nosotros puede siempre
> abrirse la *escena* donde lo que es *es siempre otro*. (7)

En el *Seminario 10*, Lacan teoriza la "escena del mundo", en referencia a Levi Strauss. Allí se permite pensar al mundo en el que habita el sujeto del inconsciente como un teatro, como una escena que el significante trama. Lacan va analizando allí, en esa gran tramoya que es el mundo del universo simbólico, el mundo del Otro y al hombre como efecto y sujeto de estas escenas, entre ellas, la escena de la transferencia. En este marco, se refiere al tema de la escena como un recurso para sostener al sujeto del deseo y, por lo tanto, como un resguardo contra la angustia y lo traumático. Plantea al *acting-out* como una escena sobre la escena, como apelación a lo imaginario para suturar un desgarrón que lo real produce en la escena del mundo, y al pasaje al acto como la caída de la escena.

Por otro lado, en la obra de Lacan nos encontramos con el tema de la mirada ligado a la transferencia. Focalizar estos desarrollos, tal como Lacan lo propone, deslizándonos desde la escena del sueño a la del arte, para finalizar en la de la transferencia, nos abre una nueva perspectiva. La cuestión de la mirada propone dos tópicos: el ver, ligado a la conciencia y al sujeto de la representación, y el mirar, ligado al inconsciente y a la escena del sueño. ¿En cuál de estos tópicos se ubica el analista y cuál es el efecto en la escena transferencial? Es otro de los interrogantes que este tema despierta.

CAPITULO 1

En un principio la escena remite a lo traumático

1.1.   Introducción

En este primer capítulo nos proponemos indagar el concepto de escena traumática, porque ésta es la primera presentación que tiene en la obra de Freud. Nos preguntamos cómo se articula esta "escena", que aparece en el relato de las histéricas freudianas, con las escenas que se montan en los consultorios, tema central de nuestra investigación.

En las primeras narraciones que Freud evoca en sus casos, las pacientes desgranan escenas, casi al modo de un montaje cinematográfico, que nos hacen pasear desde los Alpes de Catalina, la joven campesina, hasta los salones arreglados y glamorosos de la acomodada burguesía vienesa. Excitantes o llamativas escenas sexuales acompañaban el padecimiento de lánguidas señoritas y pudorosas señoras, pero no quedaban en relato: la irrupción sexual invadía el gabinete, y entonces comprendió el fundador del psicoanálisis que estaba frente a material explosivo.

Lo que interesa destacar es que el concepto de escena aparece asociado a lo traumático en los primeros textos freudianos. Las escenas traumáticas son la construcción que se realiza en análisis de las vivencias de la primera infancia, "experiencias sexuales, vividas en el propio cuerpo, de un comercio sexual" (Freud, "Etiología de la histeria" 202).

La diferencia entre las "vivencias sexuales infantiles" y "las escenas traumáticas" consiste en que las primeras se producen cuando el sujeto, todavía niño, no está en condiciones de elaborar una respuesta. Por lo tanto, tienen que ser reprimidas y así se constituyen en recuerdos inconscientes; desde allí producen síntomas al modo de retorno de lo reprimido. La condición que tienen que cumplir esas vivencias para poder ser reprimidas y producir síntomas es que, vía el trabajo de análisis, se las construya como "escenas traumáticas"; solo así se logra el nexo lógico necesario para que puedan asociarse al sistema inconsciente.

Estas escenas no reproducen ningún fragmento de lo vivido, pero, en cambio, logran representar el lugar que el niño tuvo en el deseo del Otro. A pesar de ser un producto de la fantasía llevan, así, el germen de una verdad subjetiva que el trabajo del análisis busca inscribir.

Para ocuparnos de este tema tomaremos, en primera instancia, el texto "Etiología de la histeria", de 1896, el más completo de la serie que va desde 1894, con "Las psiconeurosis de defensa", hasta 1898, cuando culmina con "La sexualidad en la etiología de las neurosis".

En estos trabajos se encuentran los cimientos de muchos conceptos de la metapsicología freudiana como, por ejemplo, la sexualidad infantil, los tiempos de la represión, que anticiparán el concepto de inconsciente, trauma y pulsión, y la eficacia terapéutica del método de la asociación libre.

1.2. La escena traumática: un producto clínico

El concepto de escena traumática se mantiene, con pequeñas variantes, a lo largo de toda la obra de Freud y soporta el edificio teórico del primer armado de la estructura psíquica.

Ya en "Estudios sobre la histeria", capítulo IV: Sobre la Psicoterapia de la histeria, se va estableciendo el nexo entre el síntoma histérico y una escena vivida de manera traumática que será su germen. El fin que se persigue es la suspensión del síntoma como sinónimo de curación, pero también, y como consecuencia de esta búsqueda, se ubica el síntoma como el "testigo de la historia genética de la enfermedad" (1895).

Lo que aparece como un hallazgo clínico es que el síntoma se levanta o cesa cuando la escena traumática que lo genera es recordada y reproducida frente al médico, es decir, tiene eficacia terapéutica; por lo tanto, es la situación clínica la que presta o aporta algo para que el recuerdo se haga presente y, de esta manera, el síntoma cese. Entre líneas Freud se pregunta acerca del papel del médico y su terapéutica en el surgimiento de estos recuerdos y su eficacia. Este interrogante permite vislumbrar el lugar de la transferencia y del analista, que juegan un importante papel como motor de la cura.

Aquí empieza a establecerse la escena traumática como un producto del análisis:

1- Se construye durante el proceso de análisis.

2- Implica poner en palabras lo traumático e integrarlo en la cadena asociativa, por eso tiene eficacia terapéutica. "Uno elimina ese síntoma estableciendo, a raíz de la reproducción de la escena traumática, una rectificación de efecto retardado del decurso psíquico de entonces" (Freud, "Etiología de la histeria" 193).

3- Forma parte de algo inexistente antes del tratamiento; es como recordar algo nunca olvidado, porque nunca se lo tuvo presente. Es una escena que se arma para velar lo traumático de la vivencia infantil.

El acceso a esa escena se da por la presión del tratamiento, es decir, por la incesante insistencia del médico en seguir por el camino de las asociaciones, y aquí surge algo muy interesante: Freud destaca que la escena traumática es un recuerdo hasta ese momento inexistente para el paciente, al que se accede por vía de la asociación; por lo tanto, surge como un efecto del tratamiento. Esto abre a Freud muchos interrogantes que lo colocan ante una disyuntiva: ¿Dicha escena es, simplemente, algo que el médico induce a crear o algo que se crea como producto del método? Dejamos esto planteado.

Hasta acá concluimos: las escenas traumáticas son un producto del tratamiento, cuya reproducción cura los síntomas en tanto vela lo traumático.

1.3. La vivencia no es lo mismo que la escena

En 1896, en "Etiología de la histeria", Freud se plantea descubrir las condiciones que deben reunir las vivencias sexuales infantiles para convertirse en escenas traumáticas inconscientes y, además, cuál es la potencia de estas últimas para que su reproducción permita levantar los síntomas.

Llegamos a esclarecer que la diferencia entre vivencias y escenas será fundamental para avanzar al encuentro de una terapéutica posible. Si la vivencia tiene condición patológica, o sea produce trauma, el tratamiento consistirá en amortiguar el trauma, velarlo. La escena traumática tendrá por función representar lo traumático, ponerle un rostro; por esa razón su armado acaba aliviando el síntoma.[1]

Las condiciones que la vivencia debe reunir para ser traumática y por tanto la responsable de los síntomas histéricos son:

1   Idoneidad determinadora: nexo lógico entre el síntoma y la vivencia.

2   Fuerza traumática.

3   Que, al reconstruirse como escena, tenga eficacia terapéutica.

La terapéutica de Freud está guiada por una hipótesis: hay una estructura psíquica que da cuenta de la formación del síntoma; lo que se persigue no es solo el éxito terapéutico, sino la búsqueda de esa estructura. El método terapéutico se va diseñando en la medida en que Freud, desconforme con los resultados obtenidos, continúa su indagación motivando a sus pacientes a seguir asociando.

Descubre que las vivencias traumáticas no forman lazos simples sino ramificados, y los compara con la complejidad de un árbol genealógico de enlaces múltiples, donde los nexos de determinación varían y el orden cronológico está invertido. Las cadenas asociativas de distintos síntomas entran en vínculos recíprocos, de manera que las ramificaciones se entretejen. En este armado asociativo, algo empieza a perfilarse en la letra freudiana y es la imposibilidad del encuentro con la vivencia germen de los síntomas.

---

[1] Esto separa a Freud de sus predecesores Charcot y Breuer, quienes consideraban que las histéricas exageraban el carácter traumático de ciertas vivencias porque estaban afectadas previamente por un mal hereditario. "Afectan a la persona en una particular complexión psíquica, el llamado *estado hipnoide*" (Freud, "Etiología de la histeria" 194). En definitiva la histeria era considerada una enfermedad heredada.

'Hemos averiguado que ningún síntoma histérico puede surgir de una vivencia real sola, sino que todas las veces el recuerdo de vivencias anteriores, despertado por vía asociativa, coopera en la causación del síntoma" ("Etiología de la histeria" 196), escribe.

Claramente comienzan a diferenciarse dos tiempos: el del recuerdo traumático y el de su sobredeterminación por un tiempo anterior. Vamos a ir despejando cómo estos dos tiempos se diferencian y cómo anticipan el surgimiento del inconsciente freudiano.

1.4.   Vivencia sexual infantil

La vivencia sexual traumática de la que Freud hablaba hasta este momento se remonta a la época de la pubertad y el despertar de la sexualidad.

> En el único intento explicativo para el mecanismo
> fisiológico y psíquico de la histeria que yo me he podido
> plasmar como resumen de mis observaciones, la injerencia
> de unas fuerzas pulsionales sexuales se me ha convertido
> en una premisa indispensable ("Etiología de la histeria"
> 199).

A pesar de encontrar en la pubertad la fuerza pulsional necesaria, Freud no da con la idoneidad determinadora ni con la fuerza traumática para gestar el síntoma. En "Etiología de la histeria" da un paso más y comunica que ha empezado a descubrir cadenas mnémicas cada vez más tempranas, que llegaban a los primeros años de infancia (entre los dos y cuatro años). Pero advierte que esto no supone renunciar a la etiología sexual y lanza una de las afirmaciones más arriesgadas.

> ¿No se tiene derecho a suponer que tampoco en la infancia
> faltan unas excitaciones sexuales leves, y, más aún, que
> acaso el posterior desarrollo sexual está influido de la
> manera más decisiva por vivencias infantiles? Es que unos
> influjos nocivos que afectan al órgano todavía no
> evolucionado, a la función en proceso de desarrollo,

causan asaz a menudo efectos más serios y duraderos que los que podrían desplegar en la edad madura.

¿Quizás en la base de la reacción anormal frente a impresiones sexuales, con la cual los histéricos nos sorprenden en la época de la pubertad, se halle de manera universal una vivencia sexual de la niñez que tendría que ser de índole uniforme y sustantiva? ("Etiología de la histeria" 201).

Esta hipótesis produce una ganancia terapéutica, dado que la histeria tiene su etiología en algo adquirido tempranamente y no en una herencia, lo que la situaría en un lugar de difícil esclarecimiento desde un punto de vista psicológico. Como vemos, se adelanta en esta frase a los posteriores desarrollos sobre la sexualidad infantil.

1.5.   Los dos tiempos de la represión

Estas vivencias infantiles y de contenido sexual solo pueden exteriorizar un efecto psíquico cuando logran inscribirse como representaciones inconscientes y así producir un síntoma histérico, lo que Freud explica diciendo:

> Y como unas vivencias infantiles de contenido sexual solo podrían exteriorizar un efecto psíquico a través de sus *huellas mnémicas,* ¿no sería este un bienvenido complemento a aquel resultado del análisis según el cual *un síntoma histérico solo puede nacer con la cooperación de recuerdos?* ("Etiología de la histeria" 201)

Estas vivencias tienen que ser reprimidas y constituirse recuerdo inconsciente, para, recién desde allí, poder regresar. Es entonces cuando, como huellas mnémicas, están en condiciones de producir síntomas neuróticos.

Las escenas traumáticas se conforman con experiencias de la primera infancia, de contenido sexual, reproducibles por el análisis, pero de índole mucho más uniforme que las vividas en la pubertad, y en este aspecto Freud se muestra terminante:

> Experiencias sexuales vividas en el cuerpo propio, de un
> comercio sexual (en sentido lato).
> Estas se producen en el cuerpo cuando este no
> cuenta todavía con la madurez sexual necesaria para poder
> elaborar una respuesta subjetiva; es esta inmadurez lo que
> produce el efecto traumático ("Etiología de la histeria".
> (202)

Es interesante observar cómo marca el tiempo que media entre la vivencia sexual prematura traumática y la escena como recuerdo inconsciente, tiempo durante el cual aquella va acrecentando su fuerza. Esto se constituye como algo paradójico, porque como recuerdo inconsciente sus efectos se multiplican, y con el tiempo se potencia y aparece produciendo síntomas aquello que en principio pareció no tener consecuencias.

Freud se pregunta cómo es posible que este recuerdo de una vivencia en su momento inofensiva se exteriorice mucho tiempo después y recién entonces active el funcionamiento de la defensa. Las respuestas a estos interrogantes comienzan a dar algunas características del material inconsciente y de los procesos de defensa, y de los caminos y de los tiempos de la represión.

En "Etiología de la histeria" una respuesta se hace posible:

> La defensa alcanza ese propósito suyo de esforzar fuera de
> la conciencia la representación inconciliable, cuando en la
> persona en cuestión, hasta ese momento sana, están
> presentes unas escenas sexuales infantiles como recuerdo
> inconsciente, y cuando la representación que se ha de
> reprimir puede entrar en un nexo lógico o asociativo con
> una de tales vivencias infantiles. (209)

Por tanto, no cuenta el solo hecho de haber tenido una experiencia sexual infantil traumática, sino que ésta debe haber cobrado carácter inconsciente para que se constituya en formadora de síntomas.

Arribamos a la conclusión de que se van definiendo los dos tiempos de la represión:

• Un tiempo inaugural, constituido por estas vivencias como condición de posibilidad (represión primaria).

• Un segundo tiempo, en el que se desaloja toda representación que forme nexos asociativos con las primeras escenas infantiles traumáticas (represión secundaria). Este desalojo las inscribe en el sistema inconsciente.

Estas vivencias sexuales tienen la característica de producir efectos sintomáticos cuando una representación se les asocia y actúan como si algo aconteciera en el momento actual; no es que su reacción estuviera dormida sino que recién se constituye cuando algo se le enlaza en forma inconsciente.

En conclusión, la escena traumática es un retorno de lo reprimido, con todo el peso y la eficacia de una producción del inconsciente.

Podríamos concluir diciendo que el recuerdo inconsciente se constituye cuando una vivencia, hasta ese momento sin representación inconsciente, logra ligarse en el sistema; recién allí se constituye la "escena traumática".

Estos dos tiempos de la represión nos abren el camino para diferenciar claramente la vivencia sexual infantil de las escenas que aparecen como el resultado de un trabajo clínico sobre la neurosis infantil del adulto; las últimas suponen una reconstrucción de las vivencias infantiles, son el producto de un trabajo de construcción propio del análisis. Más adelante abordaremos todas las instancias que esto supone.

1.6.   La escena en la clínica

Cuando hablamos de escena estamos en el campo de la neurosis y esto constituye un dato diagnóstico de suma importancia. Alicia Hartmann, en la versión ampliada de su libro *En busca del niño en la estructura*, plantea la pregunta por el lugar de estas escenas en las neurosis de la infancia, o sea, en la clínica con niños, porque no medió todavía el tiempo necesario para el retorno de lo reprimido al modo de la neurosis infantil del adulto. Se interroga también si algo de esta construcción se produce en este tipo de clínica y responde, apoyándose en Freud, que

> en el mejor de los casos son sede de *acting*, de la puesta en escena en el tratamiento -ejemplo: *fort-da* en nenes que juegan a esconderse o a correr para que se los busque; en otros, derivan directamente en el cuerpo al estilo de la conversión o bien de patologías tempranas físicas. (233)

Cuando está suspendido el sistema inconsciente, por lo tanto la represión secundaria, y la neurosis no está decidida, nos encontramos con pacientes actuadores que no logran elaborar lo traumático vía la formación del inconsciente.

1.7. Viñeta clínica

Pablo llega atormentado a la primera entrevista: el cuerpo rígido, la mirada expectante; apenas podía desplegar un relato acerca de sus continuos fracasos en el amor, en los estudios, en el deporte. Había una manifiesta incomodidad, producida por la angustia que no lograba tomar forma de palabra. Cada tanto, intercalaba acotaciones sobre las bondades de sus padres a pesar de reconocer serias dificultades en la relación con su papá.

Casi al final, logra decir lo que había estado presente a lo largo de toda la sesión: llegaba a esta consulta luego de haber visitado un psiquiatra durante un corto lapso, pero algo lo había hecho salir despedido de ese "tratamiento". Refiere que le había contado: "—Cada tanto me pasa algo terrible, cuando veo a mi madre pasar en bikini, por ejemplo, tengo una idea imparable que me voy a abalanzar a violarla; y con mi papá, por momentos creo que me le tiraría encima para matarlo". Dicho esto, agrega "—el psiquiatra me dijo que tengo estas ideas porque ese es mi deseo".

Su mirada me interroga, necesita que allí algo se sancione. Tomo el camino de calmar la angustia sin desculpabilizar y contesto que él no puede desear semejante cosa. Trato de quitar dramatismo al asunto;

agrego que algo le pasa con sus padres para que esas ideas se le impongan y que más adelante vamos a trabajar esto.

Una astilla del fantasma aparece allí totalmente develada y despierta una angustia insoportable. El trabajo de análisis será, en este primer tiempo, poner a hablar al sujeto, hacer cadena discursiva, construir velos, trabajar como un buen carnicero cuidando por dónde cortar, como decía Lacan; esperar que los efectos de la represión comiencen a trabajar, que lo traumático retorne vía formación del inconsciente. Una escena traumática deberá allí constituirse para que la compulsión, como pura presencia de lo pulsional, pueda ser velada. Esto será trabajo del análisis.

1.8.   Consideraciones finales

En síntesis, como venimos diciendo, las escenas traumáticas están presentes como recuerdos inconscientes en la medida en que pueden producir síntomas, o sea, retorno de lo reprimido; son un producto del trabajo clínico sobre la neurosis infantil que realiza un paciente. Freud señala que frente a estas escenas no aparece sentimiento mnémico, como ocurre en relación con otras partes de lo olvidado, sino que hacen su aparición como la última pieza del rompecabezas; se las siente penosas, vergonzantes y se les niega veracidad. En muchas ocasiones, estas escenas hacen su aparición como *acting-in*, en tanto despliegan un montaje escénico que el sujeto repite en sesión; en otras, pueden aparecer como pequeños rituales o como irrupciones ocasionales, ya sea al modo del automatismo, al modo del *Fort-Da*, o compulsadas por una fuerza irrefrenable. Montajes éstos de los que el sujeto nada sabe y que, de no ser advertidos a tiempo por el analista, pueden ser el camino hacia situaciones de *acting-out* o pasajes al acto.

CAPITULO 2

La escena en la estructura

2.1.   Introducción

En el capítulo anterior recorrimos fundamentalmente, "Etiología de la Histeria", donde llegamos a ciertos puntos importantes para nuestro tema: en tanto las vivencias traumáticas se construyen como escenas comienzan a formar parte de los recuerdos inconscientes, o sea, a representar (o ser) retornos de lo reprimido, y entonces están en condiciones de producir síntomas de tipo secundario, síntomas que interrogan al sujeto; este es un trabajo que se realiza en el análisis. Quedamos con una pregunta: cuando estas escenas no se arman, ¿qué efectos subjetivos se producen? ¿Podríamos pensar que retornan como actuaciones en la transferencia o como angustia?

Por otra parte, dijimos que frente a estas escenas no aparece sentimiento mnémico, como ocurre con otras partes de lo olvidado. Se sitúan como la última pieza del rompecabezas, se las siente penosas y vergonzantes, y se les niega veracidad.

Ahora nos centraremos en este último aspecto, dado que la preocupación freudiana por la veracidad de estas escenas mudará en otro tipo de verdad que no es la histórica sino la del deseo.

2.2.   De la teoría del trauma a la del fantasma

Será un arduo trabajo posterior lo que permitirá a Freud formular que estas escenas forman parte de la realidad psíquica y, en tanto tales, son portadoras de una verdad subjetiva que nada tiene que ver con la engañosa realidad. En una nota al pie de "Etiología de la histeria", agregada años después en 1924, Freud escribe: "Todo esto es correcto, pero debe considerarse que en aquella época yo todavía no me había librado de la sobreestimación de la realidad y el menosprecio por la fantasía" (203). Del mismo tenor que la anterior, pero con mayores precisiones, es la nota que agrega por esta misma época al texto "Nuevas puntuaciones sobre las neuropsicosis de defensa":

> por aquel tiempo yo no sabía distinguir entre la fantasía de los analizados acerca de su infancia y unos recuerdos reales. A consecuencia de ello, atribuí al facto etiológico de la seducción una sustantividad y una validez universal que no posee. Superado este error se abrió el panorama de las exteriorizaciones espontáneas de la sexualidad infantil, que descubrí en "Tres ensayos para una teoría sexual". (168)

Esta nota nos permite arribar a importantes conclusiones sobre el tema de la escena en la transferencia:

Lo primero por destacar para nuestro tema de investigación es la vigencia y la importancia de la escena: a pesar de perder su estatuto de realidad, toma una dimensión distinta, y podríamos afirmar más relevante, cuando pasa a ser el producto de una fantasía o de la realidad psíquica. Y este producto será uno de los indicadores clínicos más claros para diferenciar neurosis de psicosis. Como desarrollamos en el capítulo anterior, la posibilidad de armar la escena traumática es una condición propia del establecimiento de los dos tiempos de la represión, lo que nos ubica en el campo de las neurosis. Porque como sabemos, por los desarrollos tanto en Freud como en Lacan, la operación de la represión está ausente en la psicosis, por lo tanto no hay posibilidades de un retorno vía el síntoma o la fantasía, lo que retorna lo hace *in altero*, dirá Lacan, por fuera del sistema, al modo de la alucinación o el fenómeno elemental.

Lo segundo, y consecuencia de lo anterior, es el pasaje de una teoría traumática a una teoría fantasmática en la obra de Freud, que va a tener no pocas consecuencias para el tema que nos ocupa.

El tercer aspecto para destacar de esta nota es que en este tema de la escena traumática germinan los desarrollos posteriores de la sexualidad infantil y en ellos, aun formando parte de la realidad psíquica, la sexualidad jamás perderá el carácter de traumática. La sexualidad humana, para Freud, es siempre traumática. Surge entonces otro interrogante: ¿la construcción de estas escenas permite enmarcar lo traumático para que no retorne por fuera del sistema significante al modo de actuaciones?

2.3.   Lo traumático da cuenta de una estructura

Siguiendo el recorrido freudiano, nos preguntamos por qué la sexualidad se presenta de entrada como traumática, como una herida en la subjetividad efectuada por un adulto de referencia. Freud confundió esa fantasía incestuosa que sus pacientes adultas relataban con la realidad, y esto lo llevó a subrayar el peso de las seducciones sexuales precoces en la etiología de las neurosis. Seducciones que denunciaban sus pacientes histéricas y que consignaban como la causa de todos los males. Por esta razón construyó una teoría en la que el núcleo traumático se establecía como "la etiología" y remitía directamente a una seducción de un adulto, padre, madre, o subrogados, ejercida sobre un niño pequeño.

La seducción del adulto pululaba como peste e invadía la clínica freudiana de tal manera que casi todos los padres de Viena bien podían llevar el diagnóstico de perversos. No puede Freud sostener por mucho tiempo esto que se dio en llamar la teoría traumática y algo se dibuja con claridad en el horizonte: el nódulo traumático es una fantasía. Esta da cuenta de que la sexualidad viene del Otro: con sus caricias, los cuidados de higiene y de alimentación, el cuerpo del niño va cincelando su mapa erógeno. Estos padres o quienes cumplan su función, van colonizando el cuerpo y la subjetividad del niño, y a esto lo llamamos la seducción del deseo del Otro, que deja sus marcas. Lo paradójico es que sin esa inscripción del deseo del Otro no se puede vivir, pero al mismo tiempo ese Otro es el objeto al que hay que renunciar para abrir el camino exogámico. Renuncia el Otro al cuerpo del niño y ésta es la llave para que el niño renuncie al objeto incestuoso y posibilite su sexualidad.

Esta inscripción del cuerpo realizada por el deseo del Otro no es sin excesos; por lo tanto, podemos afirmar junto a Néstor Braunstein que:

> la teoría traumática del primer Freud es la puesta en escena
> de ese exceso de excitación y carga, de este goce que se
> presenta más allá del sistema amortiguador de las
> representaciones (Freud), de los significantes (Lacan), que

son el lugar del Otro. (*Goce* 20).

En otras palabras, la teoría traumática da cuenta de aquello que el sistema simbólico no puede capturar e insiste como resto pulsional.

Freud se pregunta: ¿qué, de lo vivido, retorna como síntoma y puede ser representado por el sistema simbólico, y qué de esas vivencias queda en la insistencia pulsional, con la angustia concomitante? Y podríamos agregar, siguiendo con los interrogantes anteriores, ¿lo pulsional que no encuentra representación simbólico-imaginaria, de qué manera retorna?[2]

2.4.   De síntomas y fantasías

Para dibujar este recorrido nos detendremos en la conferencia "Los caminos de formación del síntoma" (1916-17), donde Freud retoma el tema de la escena traumática ya desde una concepción fantasmática, pero continúa con la preocupación por dar cuenta del síntoma como el resultado de un conflicto entre aquello que logra representarse (se hace escena y retorna en síntoma) y lo que insiste de lo pulsional retornando como angustia. Así va estableciendo el síntoma como una formación de compromiso entre estas dos vías; dirá:

> Al igual que en el sueño, en el síntoma figura algo
> como cumplido: una satisfacción a la manera de lo infantil;
> pero, por medio de la más extrema condensación, esa
> satisfacción puede comprimirse en una sensación o
> inervación única, y por medio de un extremo

---

[2] Para pensar estos interrogantes es interesante agregar acá una cita de "Inhibición, síntoma y angustia" (1926): "La angustia neurótica lo es ante un peligro del que no tenemos noticias. Por lo tanto es preciso buscar primero el peligro neurótico; el análisis nos ha enseñado que es un peligro pulsional" (154-55). Por lo tanto, en la letra de Freud, la angustia estará siempre relacionada con lo pulsional.

desplazamiento puede circunscribirse a un pequeño detalle de todo el complejo libidinoso. (334)

Pocas páginas antes había escrito:

Por el rodeo a través del inconsciente y de las antiguas fijaciones, la libido ha logrado por fin abrirse paso a una satisfacción real, aunque extraordinariamente restringida y apenas reconocible ya. (328)

¿Dónde halla la libido las fijaciones para retornar? En este punto Freud arma el siguiente esquema:

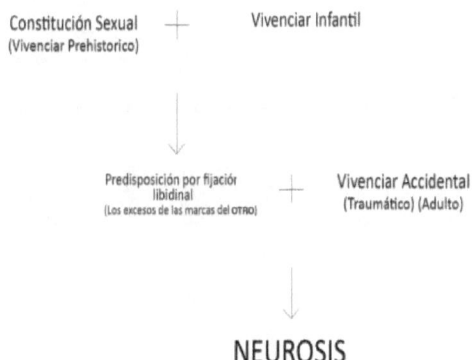

Constitución Sexual   +   Vivenciar Infantil
(Vivenciar Prehistorico)

Predisposición por fijación + Vivenciar Accidental
libidinal
(Los excesos de las marcas del OTRO)   (Traumático) (Adulto)

NEUROSIS

Arribamos a las siguientes conclusiones:

•   El síntoma es el resultado de una negociación; situado dentro de los marcos de la escena logra enmascarar lo traumático de la inscripción del deseo (donde se conjugan lo que Freud aquí llama vivenciar prehistórico y vivencia infantil).

•   La angustia surge como producto de un exceso pulsional imposible de absorber por el orden simbólico. Lo que no logra representarse como escena retorna por fuera, como angustia desligada que amenaza.

2.5.   Vivenciar prehistórico y vivencia infantil

Nos detenemos aquí, por un momento, para poner claridad en el enigmático tema del vivenciar prehistórico, en el que se encuentran fragmentos de lo filogenético que forman lo que se denomina herencia arcaica. Para ello recurrimos a los desarrollos de Hartmann:

> Son predisposiciones que operan como bagaje constitucional, que favorecen por ejemplo la universalidad del simbolismo del lenguaje [...] Se trata de un saber originario que el adulto ha olvidado. Aparece en los juegos y en los sueños, y en el simbolismo que se abre paso por encima de la diversidad de las lenguas -encontramos el mismo en forma ubicua, es decir en todos los pueblos. (*En busca del niño* 234)

Lo que Freud entiende como filogenia puede pensarse a la luz de la antropología y de la lingüística, tal como lo hace Lacan, como transmisiones que se enquistan en las redes del lenguaje y de los sistemas simbólicos. Dentro de estos, Hartmann destaca también aquellos síntomas a los que Freud llama de "vieja alcurnia", donde "ubica el lugar de objeto que ha tenido el niño en la constitución del cuerpo en relación al Otro" (*En busca del niño en la estructura*, 234). Esta autora articula esto con lo que Lacan trabaja en *Función y campo de la palabra y el lenguaje en psicoanálisis*:

> compara el inconsciente con un capítulo en blanco de la historia, ocupado por un embuste. Escrito en insospechados lugares, tales como los monumentos del cuerpo; los documentos de archivos; los recuerdos de infancia; en la evolución semántica; en la tradición que se vehiculiza en mitos y leyendas, y, finalmente, en lo que él llama *"Los rastros"* que conservan inevitablemente las distorsiones necesitadas para la conexión del capítulo adulterado con los capítulos que lo enmarcan, y cuyo

sentido restablecerá mi exégesis. (Hartmann. *En busca del niño en la estructura*, 234)

Todo esto cobra aún más claridad si lo complementamos con la palabra de Freud:

Puedo hacerles presente que entre la intensidad y la importancia patógena de las vivencias infantiles y la de las más tardías, hay una relación de complementariedad semejante a la de las series antes estudiadas. (Conferencia 23, 332)

Freud insiste en esta relación y sostiene que las vivencias infantiles son una fuerza de atracción de la libido, pero que también a veces es una vivencia accidental adulta la que invita a la regresión.

Ahora bien, estas vivencias infantiles que producen fijación están perdidas y solo a condición de enlazarse a una nueva representación se transforman en recuerdo inconsciente. Por esta razón, se torna imposible que estas escenas respondan a una realidad vivida, en tanto lo vivido de ese momento, como tal, está perdido. Por eso, las escenas que el análisis reconstruye, o quizás sería más apropiado decir construye, son la mixtura de aquellas huellas que al ser tomadas por el sistema inconsciente, este condensa y desplaza, según sus leyes, hasta hacer de ellas una escena. Esta escena que, obviamente, no reproduce ningún fragmento de lo vivido, sí logra representar, como un calco, aquel lugar que de niño se tuvo en el deseo del Otro. Por lo tanto, a pesar de ser un producto de la fantasía, llevan el germen de una verdad subjetiva, como afirma Freud: "Ellas poseen realidad *psíquica*, por oposición a la realidad *material*, y poco a poco aprendemos a comprender que *en el mundo de las neurosis la realidad psíquica es la decisiva*"(Conferencia 23, 336).

Estas fantasías neuróticas cuentan con algunos patrones que se repiten y a los que Freud llama fantasías primordiales, entre las que se cuentan la observación del comercio sexual entre los padres; la seducción de una persona adulta y la amenaza de castración.

Freud indaga sobre la necesidad subjetiva de crear esas fantasías y también sobre el material con el que se las construye, sobre todo, teniendo en cuenta que está siempre presente la repetición, y por este motivo las incluye dentro del patrimonio filogenético.

2.6. Entre la escena y la neurosis

Despierta particular interés el acento puesto por Freud en la articulación entre las fantasías primordiales, que constituyen "sueños diurnos" y los sueños nocturnos:

> Estos, en el fondo, no son sino sueños diurnos que se han vuelto utilizables por la liberación que durante la noche experimentan las mociones pulsionales, y que son desfiguradas por la forma nocturna de la actividad anímica. (Conferencia 23, 340)

Freud aclara que estos sueños diurnos no son necesariamente conscientes y que ellos son la base de sueños nocturnos y de síntomas.

Son particularmente precisas las palabras de Michel Silvestre para ligar estas fantasías con lo estructural y estructurante en el camino hacia la elección de una neurosis: "La seducción pasa a ser un dispositivo – llamémosle "imaginario"— por el cual el deseo del sujeto se engancha con sexualidades" (151), razón por la cual podríamos afirmar que esa fantasía es el modo en que el niño escenifica el deseo articulado a la sexualidad; de tal modo que las fantasías dejan de ser quimeras o dudosos espejismos para convertirse en un intento "de conjugar el objeto en tanto que real –es decir imposible– con el deseo" (Silvestre 151).

Estas fantasías dan rostro al pasaje por el complejo de Edipo vía el complejo de castración. El padre pasa de ser el corruptor de menores (seducción) a ser el que amenaza con la castración. Oscila entre uno y el otro, como en una banda de Moebius, no hay un justo medio. Por eso la sexualidad es siempre traumática.

Destacamos, junto con Silvestre, que será la angustia lo que continúa preocupando a Freud y lo lleva por estos desarrollos:

♦ En un principio, es la represión la que produce la angustia; se reprime el deseo y queda libido flotante, desligada, que no logra unirse a una representación ni tampoco descargarse vía la sexualidad, entonces se convierte en angustia.

♦ Luego, en 1925, es la angustia la que crea la represión.

La angustia de castración está presente no porque la amenaza se efectivice, sino porque se comprueba que la presencia del pene no es universal. Si el niño se pone demasiado cortejador con la madre, el padre acabará interviniendo. El niño se encuentra con otro que le da significación a lo sexual, a lo que él no comprende, salvo si deduce de ello la angustia.

Aquí se unen lo estructural de la subjetivación con las escenas a las que Freud denominó fantasías arcaicas: observación del coito parental, seducción y castración.

2.7.   Entrecruzamiento entre lo clínico y lo jurídico

Para dejar claramente establecida la condición fantasmática de las escenas traumáticas, las contrastaremos con su contracara, el incesto perpetuado. Esta distinción nos ayudará a ilustrar el desarrollo teórico realizado y, por otro lado, a tomar posición ante la gran difamación de la obra freudiana que este tema despertó. Algunos autores acusan a Freud de haber renunciado a la problemática del incesto al que su trabajo clínico lo enfrentaba. En este sentido plantea Eva Giberti:

> Freud se había opuesto al pensamiento médico de esa
> época y ponía en entredicho las convicciones científicas
> acerca de los factores constitucionales y hereditarios de las
> enfermedades; adjudicaba una responsabilidad mayúscula a
> la familia, en particular exponía al padre como violador,
> dato insoportable para el patriarcado convencional. ("El
> incesto paterno filial contra hijo/hija en Psicoanálisis,
> estudios feministas y género")

Giberti toma el libro de Jeffr Masson *Le Réeyel escamoté*, de 1983, donde este autor reúne documentación para demostrar que fue la I.P.A.

(Asociación Internacional de Psicoanálisis) y no Freud, quien oculta documentación. Luego de 1897, o sea, de la "Etiología de la Histeria", son los posfreudianos, según esta hipótesis, los que entierran esa parte de la teoría que inculpaba a los padres de incesto.

Por otra parte, Mikke Borch-Jacobsen, en el libro *Souvenirs d´Anna O,* de 1995, responsabiliza al mismo Freud del ocultamiento de parte de su teoría para preservar el patriarcado y la institución familiar.

Eva Giberti tiene la hipótesis de que Freud hace esto para resguardarse del rechazo y de la imputación de los intelectuales de su época, quienes produjeron un vacío a su alrededor luego de que él presentó "Etiología de la Histeria".

> Este fue uno de los motivos que condujo a Freud a retractarse: "Por fin me vi obligado a reconocer que aquellas escenas de seducción nunca habían tenido lugar, y que solamente eran fantasías que mis pacientes habían inventado". ("El incesto paterno filial contra hijo/hija en Psicoanálisis, estudios feministas y género").

De lo que venimos trabajando se desprende que los desarrollos de Freud sobre las escenas de seducción constituyen una hipótesis estructural que se relaciona con el complejo de Edipo, y por lo tanto con la estructuración del psiquismo. Que el incesto sea un hecho concretado por algunos padres, no niega ni afirma la teoría fantasmática de Freud. En todo caso, hay que saber distinguir clínicamente los rastros y las consecuencias que deja en el psiquismo un padre que no cumple con la ley de prohibición del incesto. Para esto, y por las importantes consecuencias a la hora de peritar un caso de incesto, o trabajarlo clínicamente, nos abocaremos a establecer una clara distinción teórica entre la escena traumática como una construcción de la fantasía, y los rastros que deja el incesto perpetrado (que es lo opuesto de la construcción de una escena) y sus efectos en lo clínico, y desde allí el impacto en lo jurídico y en lo social.

2.8.   Cuando hay incesto no hay escena y prima el silencio pulsional

En los casos de incesto, cuando el niño es víctima de la transgresión de la ley, se dificultan los caminos de la represión y, por lo tanto, de las formaciones del inconsciente. No se arma una escena traumática, sino que lo traumático es actual y toma el cuerpo como su territorio. Porque un padre o una madre que abusan de su hijo, más que transgredir, están borrando la ley y junto a ella, todo el andamiaje psíquico que la ley inscribe en el sujeto. Esto supone, por una parte, que ese niño queda huérfano: perdió a sus padres en tanto funciones paterna y/o materna. Si pensamos que las cadenas genealógicas suponen un sostén subjetivo, en este caso la cadena se corta dejando a la víctima suelta, desanudada, despojada de uno de los anclajes subjetivos más estabilizantes y, además, el cuerpo queda capturado en un goce inefable. Por esta razón la justicia y el tratamiento clínico, articulados, tienen tanta importancia en la elaboración de esta pérdida y en la restitución del encadenamiento genealógico. Cuando el sistema jurídico responde, logra para el niño la restitución de un lugar en el Otro, guardián de la prohibición, para encadenarlo desde allí a alguna genealogía posible.

Un padre o madre que comete incesto no solo invade el cuerpo del niño, sino que deja ese cuerpo rasgado por lo real y con serias dificultades para lograr la cobertura libidinal que puede traducir el sexo en sexualidad y que permite engalanar el cuerpo para los convites del amor y el erotismo. Algo queda allí sin inscripción en las letras del inconsciente, que son las únicas que permiten articular el deseo. Algo allí queda silenciado y desértico, como un páramo. No hay escena que logre relatar e imaginarizar lo traumático No hay síntoma, no hay sueños; en definitiva, no hay formación del inconsciente que ponga rostro o velo a tanto sufrimiento. Sería acertado decir que el cuerpo y la subjetividad toda sufren en carne viva porque se perdieron las armas para velar y apaciguar el dolor. El niño no cuenta con las palabras ni con las herramientas inconscientes que puedan dar forma al marasmo que lo habita.

Frente a ese real, es necesario apelar a todas las posibilidades imaginario-simbólicas para que una escena se arme y ofrezca al sujeto un lugar en el mundo. Por esta razón, se apela a todas las estrategias que permitan poner en circulación las cadenas discursivas con las que la cultura cuenta, para que algo allí se restituya, para que alguna palabra se done, y para que ese niño pueda tomarla.

2.9.   Consideraciones finales

En este capítulo hicimos el recorrido teórico por la relación que guarda la escena traumática con las estructuras clínicas[3]. Llegamos a la conclusión de que es uno de los indicadores clínicos para determinar la elección de neurosis y los estados de suspensión o bordes de esta estructura. Justamente porque estas escenas son producto del trabajo de elaboración secundaria, dirá Freud, forman parte de las fantasías del sujeto. Fantasías que están en la base de todos los síntomas y cuentan con patrones que se repiten: escena primaria, seducción y castración, porque estos muestran el pasaje del sujeto por el complejo de Edipo y el de castración.

Las escenas no dejan de tener carácter traumático, como la sexualidad misma, en tanto dan cuenta de la inscripción del deseo del Otro en la subjetividad, deseo que siempre tendrá su cuota de exceso. Sin embargo, a pesar de ser traumáticas y vergonzantes para el sujeto, son construcciones que le permiten enmarcar lo pulsional, aunque nunca todo... y aun así lo pacifican.

---

[3] Las estructuras clínicas definidas por Lacan son: Neurosis, perversión y psicosis. Nosotros nos detuvimos en Neurosis y psicosis

CAPÍTULO 3

La "otra escena del sueño"

3.1.   Introducción

¿Cuál es la relación entre los distintos escenarios que monta el sujeto del deseo? Para responder tomaremos el sueño como paradigma de la puesta en escena, como el modelo para pensar la relación que establece el sujeto con las escenas que da a ver: los sueños, las fantasías y las que despliega en la transferencia. Desde ya podemos afirmar que condensación y desplazamiento juegan aquí su partida con el significante, pero un plus se suma: la puesta en escena. Hay algo insoslayable en estas producciones y es su intención de "dar a ver". Algo se muestra y alguien es espectador de eso que se muestra. La división subjetiva se pone de manifiesto de la manera más visible: el sujeto se desdobla entre lo que se muestra y lo que mira embelesado. En los sueños se pone en evidencia ese montaje subjetivo que el teatro reproduce a la perfección, no como el reflejo de la realidad sino como ese espacio de ficción que las obras artísticas ofrecen y permiten al sujeto entablar un diálogo con las zonas de sí que la razón rechaza. En *La interpretación de los sueños* (1900) capítulo 6, punto D, "El cuidado de la representabilidad", Freud marca un tercer factor que, junto a la condensación y al desplazamiento, contribuye a la desfiguración onírica: la puesta en imágenes. Elabora en este apartado un minucioso análisis del modo en que el sueño realiza el trabajo de montaje escénico. En este sentido, consideramos que no debemos confundir la puesta en escena del sueño, es decir, las condiciones estructurales de su formación, con la escena del sueño. Esta distinción será muy importante para indagar los montajes escénicos que el sujeto juega en transferencia y que, como los sueños, son el producto de un elaborado trabajo psíquico.

Por otra parte, en ese mismo apartado Freud precisa que el ombligo del sueño señala el lugar donde este se asienta, donde hace borde en lo no ligado, sin dejar de precisar sus caracteres visuales. Freud llama ombligo del sueño esa parte del sueño que el soñante no puede asociar con nada, lugar en el que la asociación libre se agota. Esto nos recuerda lo que decía respecto de la escena traumática como final de la cadena discursiva. Ombligo del sueño y escena traumática están ubicados en el límite, entre lo que puede ser representado y aquello que no encuentra representación.

3.2.   Sobre escenas y escenarios

Para trabajar este tema vamos a recurrir a varios autores. En primer lugar, a los desarrollos de Juan Bautista Ritvo en el artículo "El estatuto de la imagen en Freud", donde establece una diferenciación entre representación visual e imagen visual, y se pregunta: "¿Es válido reducir *la puesta en escena* a la mera *escena*? ¿No estaría afectada la escena por una división que remite a las condiciones estructurales de la puesta?" (45). En este sentido apela también al parecido con el teatro, donde se puede diferenciar la puesta en escena —montaje técnico, argumental y estético— de cada una de las escenas que la constituyen.

Como adelantamos, afirma Freud:

> Hay un tercer factor cuya contribución a la mudanza de los pensamientos oníricos en contenido del sueño no ha de tenerse en poco: el cuidado por la representabilidad dentro del peculiar material psíquico de que se sirve el sueño, y que consta, entonces, las más de las veces, de imágenes visuales. (*La interpretación de los sueños* 349)

A partir de esta base, Ritvo se interroga por el estatuto de la imagen, que en psicoanálisis remite a lo especular, a la formación del yo, y subraya lo inapropiado de quedarnos solo con este aspecto de la imagen. Porque no podemos soslayar que Freud, al plantear la imagen especular, también dirá que es el resultado de un nuevo acto psíquico, el narcisismo; la imagen del cuerpo se constituye alrededor de un vacío. Sería inapropiado reducir la imagen psíquica del cuerpo al simple reflejo del espejo. Sabemos que para que la imagen especular se constituya, algo tiene que perderse. Esto lo trataremos más detalladamente en el capítulo referido a la mirada (Capítulo VIII: La mirada en la transferencia), pero lo interesante para destacar aquí es que el cuerpo tiene que borrarse en su dimensión real para que la imagen advenga. La clínica de la psicosis es un claro ejemplo de los desajustes que se producen en la imagen especular cuando falta la falta, o sea, cuando no existe esa pérdida. Por estas razones es que la imagen del espejo no tiene un referente. El reflejo es reflejo de una ausencia. Afirma Ritvo:

> esto hace que cada cual se vea donde no está y esté donde no se ve, al integrar la dimensión del ver, del punto de la mirada y sobre todo la posición del cuerpo en el centro mismo del dispositivo, le concede a la imagen del cuerpo propio y de su relación con el cuerpo del Otro un estatuto único, justamente porque es imposible concebir la imagen sin las coordenadas del acto que la funda. (48)

El narcisismo es ese nuevo acto psíquico que por efecto de una identificación imaginaria —a la imagen del otro— y simbólica —por la presencia del deseo del Otro que garantiza la operación— funda el yo en la unificación del cuerpo, allí donde reinaba el desorden pulsional. Y genera la más engañosa de las ilusiones del sujeto, la de ser idéntico a sí mismo. Único, indivisible y dueño de su propia casa, como afirma Freud, el sujeto defiende esta ficción ensambladora negando todo aquello que la ponga en cuestión. Con pasión de ignorancia, el yo niega su división a pesar de todas las pruebas que la ponen de manifiesto, como sueños, síntomas y actos fallidos. Incluso, a pesar de la fragilidad que esta imagen revela por momentos, manifestada en debilidades que son asignadas al cuerpo: fallas en el control de esfínteres, desmayos, inexplicables derrumbes del sujeto... y podríamos seguir enumerando, pero no es nuestro tema en este momento.

De estos desarrollos llegamos a las siguientes conclusiones:

1- Que en la imagen del cuerpo lo real no es el referente, no hay referente. La imagen es el producto de un nuevo acto psíquico. El real del cuerpo debe caer para que la imagen sea posible.

2- Que la característica más destacada de esta imagen es la ilusión de identidad y de unificación yoica. Pasión por ignorar la división subjetiva.

Continuamos con estos desarrollos acerca de la imagen pero, esta vez, la pregunta va dirigida a la semiótica, en la que es posible encontrar diferentes posturas con relación a la imagen, algunas hasta enfrentadas. Sucede entre Charles Pierce, que plantea la imagen como una subclase de los íconos, porque guarda una relación de parecido con el referente, y Umberto Eco, quien afirma que no toda imagen responde a un referente y es una categoría demasiado heteróclita como para encasillarla en esa clasificación. Para nuestro tema lo más importante de esta discusión es, nuevamente, la discusión sobre el referente.

Insistimos en el asunto del referente porque pareciera que en la ilusión que la imagen propone lo que se produce es, justamente, la ficción de que ella misma es el referente, como si provocara un espejismo de presencia, de inmediatez; y es justamente esta característica la que lleva al sujeto a perderse en ella. Ritvo destaca que, más allá, de esta discusión propia de la semiótica, lo interesante es

> algo que bien podríamos llamar una promesa de contacto, que es el momento teológico de la imagen, la marca del privilegio inmenso que posee en todas las culturas; marca que, analizada en sí misma, aislada del referente y remitida a su propio carácter de traza, muestra su perfil ilusorio. (52)

Ilusión de la imagen, efecto de verdad, tema con el que se debaten la fotografía y las pantallas de los televisores. La imagen tiene siempre el peligroso ribete de la seducción, captura en las redes de la ilusión y la promesa. Importante cuestión ésta para pensar el sujeto actual, parasitado de imágenes, tal como plantearon Guy Debord y muchos después de él. Interesante tópico para abordar el modo en que el sujeto es atravesado por las imágenes y, al mismo tiempo, se siente en la obligación de reproducir lo que esas imágenes, como espejos, solicitan de él. Pero dejaremos estas cuestiones para ser trabajadas más adelante (en el capítulo XIII).

Retomando el sueño como modelo de la puesta en escena, la

imagen onírica no es igual que la imagen especular, ya que la primera se debate entre la ilusión de verdad y la ruptura de esa ilusión. Esta paradoja está producida por la anamorfosis[4] que la puesta en escena onírica propone. Si bien la imagen del sueño comparte características con la imagen especular, tiene un aspecto particular o específico que no se agota en lo especular. Si nos detenemos en la ilusión icónica de la imagen onírica, que simula un rodaje cinematográfico, su falsa apariencia de verdad es la responsable de la promesa de cumplimiento del deseo, ubicada, como señala Freud, en el corazón del sueño. Sin embargo, esta promesa se ve cuestionada porque algunos elementos entran en la escena rompiendo la ilusión: tanto la "representabilidad" como el montaje muestran los medios de producción, su dimensión de tramoya. Se da a ver su condición de metáfora, algo del sueño mismo pone en duda el efecto ilusorio y la fractura subjetiva se hace presente: el sueño interroga al soñante.

Resumiendo lo trabajado en este punto, podemos decir que la imagen onírica, como producto, es responsable de la ilusión del sueño, pero, como si fuera una puesta en escena brechtiana, aparecen elementos distractores que rompen la ilusión. La deformación que la puesta en escena denota le da al sueño el carácter de semblante,[5] le otorga su carácter metafórico. Podríamos afirmar que esa deformación es la que permite que una pregunta se abra en el núcleo del sueño.

---

[4] Es un efecto perspectivo utilizado en arte para forzar al observador a asumir/posicionarse en un determinado punto preestablecido o privilegiado, desde el que el elemento cobra una forma proporcionada y clara. Desde cualquier otro punto de vista la imagen aparece deformada.

[5] Para definir semblante en la obra de Lacan tomamos las palabras de Néstor Braunstein: "Vivimos en el semblante; él es nuestra realidad, fuera de lo real, en la intersección de lo imaginario y lo simbólico. Dicho de otro modo, en la apariencia, en el sentido, en la ideología. Somos dueños de un saber, un saber que resiste a la verdad. Presas de semblante; así vivimos, así morimos" (*Por el camino de Freud* 134).

3.3.   Entre la verdad y su semblante

Para desplegar estas cuestiones acerca de la división insoluble entre la verdad y la ilusión, o, el semblante, que habita al sujeto del psicoanálisis, y que tanto el sueño como la fantasía o la escena que se despliega en la transferencia revelan, Alicia Hartmann recurre al ensayo de Alain Badiou, "Pasión de lo real y montaje del semblante", del libro *El Siglo,* donde el autor reflexiona sobre el teatro brechtiano y pone el acento en "el distanciamiento". Esta técnica consiste en que el actor, luego de un trabajo vivencial de acercamiento con el personaje, adviene a un segundo momento en el que "se saca la piel del personaje" para pensar, como actor, en las circunstancias vitales del personaje, o sea, ¿qué de sus marcos ideológicos, de sus espejos, podríamos decir nosotros, llevan al personaje a actuar como lo hace? Esta metodología sirve para romper con dos identificaciones: la del actor con el personaje, y la del público con el personaje. En esta última el actor brechtiano logra capturar al público en la ilusión para luego romperla de manera manifiesta.

Consideramos que para una mejor comprensión nos serviría el concepto de *Gestus social* acuñado por Brecht, porque alude al quiebre de la ilusión: "Se trata de un gesto, o un conjunto de gestos (nunca una gesticulación) en el que puede leerse toda una situación social" (Barthes, *Lo obvio y lo obtuso* 97). De modo que el *gestus social,* realizado por el actor, reúne presente, pasado y futuro en un solo acto, y rompe con la ilusión del realismo; despierta al espectador para que pueda reflexionar sobre la condición del hombre como marioneta de las ideologías reinantes.

Todo el teatro de Brecht pretende romper la ilusión, desmontar los lazos invisibles que unen lo real con el semblante, "...lazos resultantes del hecho de que este último es el verdadero principio de situación de lo real, lo que localiza y hace visibles los brutales efectos de la contingencia de lo real" (Badiou 69). Frente a esto, resulta provechoso articular el teatro con la clínica psicoanalítica haciendo nuestro el interrogante de Hartmann, cuando se pregunta si en algunas escenas teatrales encontramos el modelo de la escena analítica, y explica: "se trabajan en la escena las condiciones de la estructura y se podría trascender, en ciertos momentos, la significación del texto" (*No se vuelve loco el que quiere* 86). Más adelante, continúa acercándonos a nuestra problemática con las siguientes preguntas: "¿Qué lugar ocupa en cada uno lo que representa para el deseo de Otro?" (*No se vuelve loco el que quiere* 87).

Comenzamos este capítulo tomando los sueños para mostrar el modo en que sus escenas dejan entrever su carácter de ficción jugando con esa genialidad que Freud encontró en todas las formaciones del inconsciente, la de velar y revelar en el mismo acto. ¿Será, esta misma, la condición que cumplen el teatro, en particular, y las artes, en general? ¿Ponen a la verdad rostro de ficción, para decirlo con palabras de Lacan?

Si pensamos, junto a Freud, la sesión analítica como un artificio creado por la transferencia para que se despliegue el sujeto del inconsciente y agregamos, desde Lacan, al analista que como causa entra en la escena del paciente, ¿por qué no abocarnos a desmontar esta escena para estudiarla, y fundamentalmente, a pensar el lugar del analista como aquel del actor brechtiano? Porque, si por una parte, el analista permite que la escena transferencial se monte, también es el que soporta el peso del desmontaje.

3. 4.   Entre sueños y fantasías: el semblante

Como ya dijimos, todo sueño revela de algún modo la brecha que se abre entre lo real y el semblante, pero algunos no logran velarla lo suficiente, el semblante se diluye frente a lo real y la irrupción de angustia amenaza su prosecución. Son los sueños donde la pulsión se hace presente de manera desligada; siempre hay una pantalla, pero en estos casos es tan débil que no puede enmascarar lo suficiente. Esto sucede con los sueños de angustia.

En el capítulo de *La Interpretación...* que nos ocupa, Freud hace un detallado análisis de la presentación sensorial en el sueño y destaca zonas de mayor intensidad, como así también momentos de poca claridad o desdibujamiento de la imagen; trabaja este tema como caracteres formales del sueño. Estas características no son ajenas a lo interpretable del sueño y son sumamente útiles para guiar el trabajo de desciframiento.

Cosentino, en *Construcción de los conceptos freudianos*, dirá:

la mudanza de pensamientos en imágenes visuales es, en parte, consecuencia de la atracción que sobre el pensamiento desconectado de la conciencia, y que lucha por expresarse, ejerce el recuerdo puesto en escena visualmente, que pugna por ser reanimado. Lo cual habla del papel que desempeñan las vivencias infantiles, o las fantasías fundadas en ellas; de allí que el sueño sea el sustituto de la escena infantil alterada por la transferencia a lo reciente. (98)

Las escenas infantiles, de alta intensidad psíquica, pugnan por salir; para ello se ligan a restos diurnos recientes y, enmascaradas por ellos, se hacen presentes. Las imágenes que los restos diurnos ofrecen, generalmente visuales, tienen intensidad sensorial.

Esquematizando, podemos decir: La intensidad corresponde a la cara sensorial-traumática. La imagen permite ponerle marco a lo sensorial traumático. En definitiva, lo sensorial alude a lo traumático pulsional y la imagen es un intento de enmarcar esa energía desligada.

Un ejemplo interesante lo tenemos en el sueño "La inyección de Irma" que se relata en *La interpretación…*, cuando Freud se acerca, en el sueño, a ver la garganta de Irma, se destaca con un exceso de intensidad el agujero negro de una garganta amenazante, escoltado por placas de escaras blancas de infección. ¿Qué mejor imagen para dar cuenta de la amenaza de devoración del deseo del Otro? La intensidad está dada por lo pulsional, por la tentación y la amenaza que el agujero representa, y la imagen de la garganta, las placas infectadas, dan marco, ponen un rostro a la amenaza.

Las escenas infantiles presentan una cara ligada, que es la que se anuda a la cadena asociativa, y otra que limita con lo indecible y que pertenece a lo traumático pulsional.

Estas escenas traumáticas, que se encuentran en la estructura del sueño, permanecen en una región de sombra, ese lugar donde se asienta el sueño, y forman parte de lo no reconocido o reconocible. Es el lugar adonde no se puede llegar con la interpretación; remite al punto de carencia en la cadena asociativa, al punto que Freud llama ombligo del sueño. Esto nos recuerda lo trabajado anteriormente respecto de las escenas traumáticas como aquel lugar donde la asociación libre se detiene, falta. En realidad, podríamos afirmar que esas escenas son el límite entre lo ligado y lo no ligado del inconsciente. Como señalamos en los capítulos anteriores, ellas representan un exceso de excitación o un exceso pulsional que no logra ligarse y que se encuentra más allá del sistema de amortiguación de las formaciones del inconsciente. Son el resto pulsional que insiste en la búsqueda de una inscripción posible y será esto lo que Freud teorizará años después, en "Más allá del principio del placer", como la insistencia de repetición.

En el sueño con realización de deseo el trauma es ligado, la pulsión está ligada. Mediante el cumplimiento o la realización de deseo, el goce pulsional puede ser atemperado. El ombligo está anudado bajo la forma de un cierre y lo no ligado es el fondo bajo el cual se produce el trabajo de desplazamiento de la cadena asociativa. En cambio, en la falla de la función del sueño lo traumático pulsional no dice pero muestra, cierto que no sin pantalla, lo que en dicho sueño despierta como pura sensorialidad.

3.5.   Representabilidad, representación, deformación

Para trabajar estas cuestiones haremos un recorrido por algunos conceptos freudianos, atendiendo a su traducción del alemán al castellano. La *Darstellbarkeit*, representabilidad (según la traducción de Luis López Ballesteros, editada por Biblioteca Nueva) o figurabilidad (según la de José Luis Etcheverry, editada por Amorrortu), es la característica o cualidad por la cual el sueño se vuelve representable mediante una extraordinaria condensación. O sea, esta representabilidad hace explícito lo que se manifiesta como representación.

La palabra representación (*Vorstellung*), muy usada por Freud, podemos traducirla como representación, presentación, descripción, idea, imagen.

El psicoanalista argentino Guillermo Koop postula que "la representabilidad imaginariza lo que la representación (V*orstellung*) presentaría desde lo real, de lo puesto allí" ("Cuerpo, sueño, teoría" 32) y plantea acertadamente que el concepto de representación se complejiza con la aparición de la pulsión, porque esta... ¿se presenta, se representa, se aparece? ¿Qué relación se plantea entre la representación y la pulsión?

Para definir la pulsión Freud usa dos palabras: por un lado, la V*orstellung (*representación, presentación, imagen), a la que se le suma la *Repräsentanz.* Por tanto, la pulsión es V*orstellung-Repräsentanz,* representante de lo presentado, lo que identifica la pulsión en el psiquismo. Freud acuña un término sobre la base de dos palabras que casi quieren decir lo mismo, pero que juntas logran significar la repetición propia de la pulsión.

Estamos en condiciones de decir que el trabajo del sueño intenta encontrar un rostro de ficción, de representabilidad, para aquello que no lo tiene, o, como decíamos anteriormente, poner semblante a lo pulsional. Pero si la pulsión es lo indecible y la representabilidad está del lado de lo imaginario, ¿dónde ubicamos lo simbólico en el sueño? Será la deformación onírica la que responda esta pregunta. La deformación del sueño, tal como lo plantea Koop citando a Freud en "Moisés y la religión monoteísta", indica también traslación, desplazamiento.

> Quisiera dar a la palabra deformación el doble sentido que denota, por más que hoy no se lo aplique. En efecto, no significa tan solo alterar una forma, sino también desplazar a otro lugar, trasladarla. La voz alemana *Enstellung* (deformación) denota este segundo sentido traslaticio, pues está compuesta por el prefijo *Ent* (des) y la raíz *Stellung* (posición, emplazamiento), o sea que significa al mismo tiempo des-formación y des-plazamiento, aunque en el lenguaje corriente, y en la terminología psicoanalítica, solo trasunta el primero de los sentidos. ("Cuerpo, sueño, teoría" 33)

Entonces, el desplazamiento que el sueño hace de lo pulsional tiene el objetivo de hacerlo ingresar por el sistema del inconsciente, por lo simbólico. "La deformación, entonces, tiene un estatuto de lo simbólico, ante lo que evocamos como real de la *vorstellung* y lo imaginario de la *darstellung"* (Koop, "Cuerpo, sueño, teoría" 33)

3. 6.   Conclusión: Ganancia de la representabilidad

Para finalizar nuestro recorrido, diremos que los cuidados o miramientos por la representabilidad son los que permiten que se tornen concretos "pensamientos abstractos o estrangulados" (*La interpretación de los sueños* 350) como los llama Freud, por medio de las imágenes y, al mismo tiempo, proveen de ese plus metafórico que la puesta en escena otorga.

> Llamo metáfora, en este contexto, a una *relación de relaciones* que integra tanto el desplazamiento como la condensación y que posee un efecto *inscriptor, es decir, un efecto que traza un recorrido corporal, erógeno,* como *desdoblamiento* de la palabra —tanto de la oída como de la proferida—, como precipitación y proliferación de *rasgos mudos* que arman un teatro en imágenes... (Ritvo 53).

Por tanto, este "tercer factor", la representabilidad, es una forma especial de desplazamiento que permite pasar desde ningún lugar de origen a otra localidad que hace posible que algo se inscriba.

La puesta en escena del sueño, como paradigma de las escenas que el sujeto monta, revela su carácter inscriptor. Si afirmamos, con Freud, que el recurso al montaje permite dar forma a los pensamientos pobres o secos, aquellos que no logran hacer cadena, asociarse y por lo tanto lograr ligazón, podríamos preguntarnos: ¿La puesta en escena como recurso simbólico-imaginario es lo que posibilita la ligazón y la representación de lo inefable? ¿Y por esta razón, quizás todo sueño guarda ese carácter enigmático, ese núcleo que resiste a la interpretación, pero que al mismo tiempo deja latentes nuevos enigmas, lo inefable?

Hacemos nuestras las palabras del jurista y filósofo del Derecho, Enrique Kozicki: "Como consecuencia necesaria de esta naturaleza misteriosa, secreta, ambigua, es que el enigma solo puede presentarse en escena" (20), y termina afirmando: "Efectivamente, la problemática del enigma roza los confines de lo inefable, de lo que no se puede expresar claramente con palabras, de la pura imagen" (20).

Nos preguntamos: ¿Las escenas que el sujeto monta para el analista operan como el sueño? ¿Son acaso pensamientos secos que no encuentran otra forma de ser dichos? ¿La magnitud del montaje escénico es inversamente proporcional a la posibilidad de decir?

CAPITULO 4

Escena y transferencia

4.1.   Introducción

En este capítulo nos centraremos en Los escritos técnicos de Freud, donde se reúne una serie de artículos publicados entre 1904 y 1919, y en los que trabaja fundamentalmente el dispositivo analítico. A lo largo de estos textos, Freud emplea con insistencia el significante escena para aludir al "aquí y ahora" de lo que ocurre en la sesión, y también habla de la ruptura de esa escena por efectos de la transferencia en algunos momentos del trabajo clínico. Nos preguntamos si este concepto sería asimilable a lo que planteamos como escena en la transferencia y a sus accidentes. También nos proponemos trabajar la relación de esta escena y sus accidentes con la escena del sueño y con su ruptura por la irrupción de angustia.

Para hacer este recorrido indagaremos el concepto de transferencia en algunos artículos de esta serie.

4.2.   La transferencia: de falso enlace a resistencia

En el Epílogo del historial del Caso Dora, 1905, Freud define la transferencia por primera vez: "La trasferencia, destinada a ser el máximo escollo para el psicoanálisis, se convierte en su auxiliar más poderoso cuando se logra colegirla en cada caso y traducírsela al enfermo" ("Fragmento de análisis de un caso de histeria" (Dora), 110), es decir, venciendo las resistencias.

En un principio fue puesta en el lugar de soporte de falsos enlaces, permitiendo el desplazamiento de las representaciones inconscientes sobre el analista y facilitando el retorno de lo reprimido. En este sentido se instituye como uno de los caminos para el retorno de lo reprimido.

En "Sobre la dinámica de la transferencia", 1912, afirma Freud:

En este sentido, hay una experiencia que uno puede
corroborar cuantas veces quiera: cuando las asociaciones
libres de un paciente se deniegan, en todos los casos es
posible eliminar esa parálisis aseverándole que ahora él está
bajo el imperio de una ocurrencia relativa a la persona del
médico o a algo perteneciente a él. En el acto de impartir
ese esclarecimiento, uno elimina la parálisis o muda la
situación: las ocurrencias ya no se deniegan; en todo caso,
se las silencia. (99)

En síntesis, se llega a determinadas regiones donde las ocurrencias
cesan porque se produce un conflicto entre el interés del tratamiento y los
obstáculos para su prosecución. Será en este conflicto donde interviene la
transferencia:

Si algo del material del complejo (o sea, de su contenido)
es apropiado para ser transferido sobre la persona del
médico, esta trasferencia se produce, da por resultado la
ocurrencia inmediata y se anuncia mediante los indicios de
una resistencia –p. ej., mediante una detención de las
ocurrencias-. De esta experiencia inferimos que la idea
trasferencial ha irrumpido hasta la conciencia a expensas de
todas las otras posibilidades de ocurrencia porque presta
acatamiento también a la resistencia. (99)

Hasta aquí Freud señala claramente tres momentos:
En primera instancia, el paciente calla y se hace presente la
resistencia.
En un segundo momento surge el analista como falso enlace,
como el lugar al que se transfiere una carga que genera resistencia; aquí se
produce el surgimiento de la transferencia propiamente dicha.
Mediante la interpretación se retoma el curso asociativo y la
transferencia actúa como motor de la cura, "se convierte en su auxiliar
más poderoso cuando se logra colegirla en cada caso y traducírsela al
enfermo" ("Sobre la dinámica 99).
En síntesis: se trabaja con la transferencia del mismo modo en
que se lo hace con los sueños, mediante la interpretación.

Pero en el transcurso de esta serie de textos, que se extiende desde 1912 hasta 1914, Freud va mostrando con más claridad la otra cara de la transferencia, al servicio de la resistencia. Cada vez que se acerca a lo que Freud llamará en este momento un "complejo patógeno", se adelanta primero a la conciencia la parte del complejo que puede ser transferida y se presenta como una desfiguración por transferencia. Esta modalidad va tomando todo el trabajo terapéutico, de modo que "todos los conflictos tienen que librarse, en definitiva, en el terreno de la trasferencia" ("Sobre la dinámica 105)

4.3. La transferencia como campo de batalla: se arma la escena

La técnica analítica comienza a complejizarse cuando la transferencia, trabajada hasta aquí como deformación y falso enlace, y, por lo tanto, con la estrategia de la interpretación, comienza a mostrar su costado más dificultoso y Freud llega a la conclusión de que será en el terreno transferencial donde se librarán todas las batallas. Sucede que el fenómeno transferencial genera un nuevo tipo de lazo, entre el paciente y el terapeuta, en el cual el proceso de la cura pierde valor para el paciente y este, llegado el momento, se niega a asociar. Freud lo explica así:

> las mociones inconscientes no quieren ser recordadas como la cura lo desea, sino que aspiran a reproducirse en consonancia con la atemporalidad y la capacidad de alucinación de lo inconsciente. Al igual que en el sueño, el enfermo atribuye condición presente y realidad objetiva a los resultados del despertar de sus mociones inconscientes; quiere actuar {*agieren*} sus pasiones sin atender a la situación objetiva {real}. ("Sobre la dinámica..." 105)

Vemos aquí que la escena de la sesión comienza a definirse como un campo donde se libra una batalla, y ésta no solo pasa por la palabra sino que hay otra puesta en discurso: el sujeto actúa lo que no puede ser significado de otro modo. El registro simbólico y el imaginario se articulan en este montaje que el analizante realiza. Sin embargo, y a pesar de las dificultades que la transferencia entraña, en tanto pone en juego una compleja trama significante y, a veces, pulsional, por la ausencia significante, será ella el terreno donde se libre la batalla: "en definitiva, nadie puede ser ajusticiado *in absentia o in effigie*" ("Sobre la dinámica..." 105).

Estas actuaciones que se repiten a lo largo del tratamiento analítico pierden su condición de fenómenos aislados y puntuales para empezar a establecerse como una condición de estructura; son ellas, al igual que el sueño, puestas en escena que conforman una trama discursiva paralela a la palabra y que por momentos la trascienden. Son actuaciones que escenifican en esta situación artificial, como la llama Freud, el lugar que el sujeto ocupa para el deseo del Otro. Escenas que toman una dimensión significante, tal como la otra escena que se monta en el sueño. Al igual que aquella, cuentan con algunas características particulares que despiertan un detenido análisis.

Es destacable lo que Freud advierte: "Al igual que en el sueño, el enfermo atribuye condición presente y realidad objetiva a los resultados del despertar de sus mociones inconscientes" ("Sobre la dinámica..." 105). O sea que, ambas escenas, la del sueño y la que se monta en transferencia, buscan la reactualización, dar condición de presente, de aquí y ahora, de realidad objetiva; pretenden producir la ilusión de que efectivamente está sucediendo eso. Freud termina el párrafo anterior diciendo: "quiere actuar {*agieren*} sus pasiones sin atender a la situación objetiva {real}" ("Sobre la dinámica 105). Por lo tanto, esas pasiones, a las que podríamos otorgar un carácter pulsional, buscan representarse en estas actuaciones como única manera que la subjetividad encuentra de hacerlas entrar en el campo de la cura. La división subjetiva se hace presente, actúa sin saber que lo hace y, al hacerlo, da cuerpo a lo que no encuentra representación en el campo de la palabra.

4.4.   Presencia del analista

Junto a estas actuaciones empieza a revelarse, en la transferencia, la más fuerte resistencia. El discurso del sujeto, en lugar de constituirse como una palabra que intenta revelar una verdad, "se manifiesta por un movimiento de báscula de la palabra hacia la presencia del oyente, de ese testigo que es el analista" (Lacan. *Seminario 1*, 83).

Ya no le interesa lo que tiene para decir; le interesa el oyente, el testigo, como lo llama Lacan, o sea, lo que le importa es a quién va destinada la palabra. El centro organizador del discurso, tanto en palabras como en actuación, es el analista, que es ubicado como el núcleo; alrededor de su presencia se armará la escena transferencial. Por esa razón, el paciente ya no quiere hablar; solo le interesa actuar.

> Poco después aparecerá la seducción. Y más adelante, el intento de captar al otro en un juego donde la palabra adquiere incluso —la experiencia analítica nos lo ha demostrado— una función más simbólica, una satisfacción instintiva más profunda. Sin tomar en cuenta el término último: desorganización total de la función de la palabra en los fenómenos de transferencia, situación en la que el sujeto —señala Freud— se libera totalmente y consigue hacer exactamente lo que le da la gana. (Lacan. *Seminario 1*, 84)

Freud procura que dicha repetición se circunscriba al ámbito de la sesión; la retira del campo de la realidad para que se manifieste en presencia del analista. Según Sara Glasman, es éste el sentido que otorga Freud a la presencia del analista:

> el de ofrecer un campo de acción tal que permita sustituir acciones motoras por ligaduras fantasmáticas con representaciones, inventando una zona intermedia, un espacio de espera propicio para el desarrollo y la manifestación del deseo. (65)

Glasman se refiere en estos términos al ardid que Freud llama enfermedad artificial y que tiene la ventaja de permitir la acción analítica

4.5. El recuerdo en acto: una forma de inscripción signi ficante

Freud comienza el texto "Recordar, repetir y reelaborar" de 1914, haciendo un recorrido por las variaciones técnicas del psicoanálisis. Ubica, en primera instancia, la fase de la catarsis, donde lo que guiaba la búsqueda era la causa, y la técnica empleada, la hipnosis. En la segunda fase, si bien se continúa en la búsqueda de las causas, la técnica varía y se siguen las asociaciones del paciente para encontrar un recuerdo "que ya se introduce como imposible de recordar" (Glasman, 57). Las resistencias comienzan a hacerse presentes.

Finalmente, se vacía el lugar de la causa y se trabaja sobre las asociaciones, situando la resistencia por el camino de la interpretación y ubicando al analista como el que realiza las interpretaciones. Aun así, hay dos cuestiones que se mantienen en pie, señala Glasman. Por un lado, la búsqueda de llenar lagunas mnémicas y, por el otro, el intento de vencer la resistencia de la represión, ya que esta última sustrae representaciones y de esta manera rompe la articulación con las demás.

Aparecen aquí visiblemente delineadas las concepciones freudianas acerca del olvido, aclarando que:

1- Lo olvidado no es olvidado, sino retenido. "El olvido de impresiones, escenas, vivencias, se reduce las más de las veces a un «bloqueo» de ellas. Cuando el paciente se refiere a este olvido, rara vez omite agregar: «En verdad lo he sabido siempre, sólo que no me pasaba por la cabeza» ("Recordar...", 150).

2- Los recuerdos encubridores son construcciones mixtas que contienen una verdad sobre el sujeto. "Representan {repräsentieren} tan acabadamente a los años infantiles olvidados como el contenido manifiesto del sueño a los pensamientos oníricos" ("Recordar..." 150)

3- En las fantasías "se recuerda algo que no pudo ser olvidado" ("Recordar..." 150) porque jamás fue consciente.

4- También hay recuerdos que solo pueden ser construidos a través de sueños. En este artículo que venimos trabajando, Freud plantea una nueva forma de recordar que no es ajena al nuevo método:

> Si nos atenemos al signo distintivo de esta técnica respecto del tipo anterior, podemos decir que el analizado no recuerda, en general, nada de lo olvidado y reprimido, sino que lo actúa. No lo reproduce como recuerdo, sino como acción; lo repite, sin saber, desde luego, que lo .hace. ("Recordar..." 150/151)

Señala de esta manera la relación que se establece entre resistencia y transferencia: esta es solo una nueva forma de repetir aquello que no puede hacerse presente de otra manera.

Esta necesidad de repetición en acto tiene un sentido porque produce un efecto nuevo en el análisis, busca la inscripción significante de algo que no logra inscribirse. Para ilustrarlo nos referimos al ejemplo que toma Freud de un sujeto que desconoce que su investigación sexual fracasó, pero pone esto en acto con una serie de sueños confusos que no entiende; se queja de que nada le sale bien y que con el análisis no esclarece nada, de que ninguna empresa suya llega a buen término... Todos modos de repetir en análisis un fracaso pretérito: lo repite en sueños y lo repite en la escena transferencial, dos maneras productivas de intentar inscribir lo mismo. En síntesis: Freud mismo equipara la repetición en acto en la sesión y en el sueño, con lo que podemos empezar a tejer los paralelos entre una escena y la otra.

Con relación a este ejemplo, Glasman acota:

> no se trata de que el sujeto vuelva a retomar su investigación sexual infantil para lograr el progreso que le faltaba y lo complemente, sino que metaforiza en la producción de sueños el hecho mismo de la dificultad y así realiza un juicio de existencia sobre el *enigma* que el sueño

mismo sostiene y que, fuera de la posibilidad ofrecida por la experiencia analítica, puede ser fácilmente elidido (…) La queja que acompaña el acto productivo de formación del inconsciente cumple el papel de índice de que se está presentando algo del orden del síntoma. (Glasman 60/61)

Ambos tienen estatuto de formación del inconsciente: sueño, por un lado, y repetición en la escena transferencial, por el otro, de tal manera que la repetición se establece como un camino significante que va permitiendo una inscripción y, por lo tanto, una formación del inconsciente. Se produce en la repetición algo que intenta establecer una diferencia y, justamente, esta diferencia es el acto significante.

Que esta diferencia significante se suscite o no es tarea del analista. El sujeto no se liberará de su compulsión a repetir, pero será el analista el que descifrará en ella, vía la interpretación, una particular manera de recordar. Esto pone de manifiesto que esta concepción de la transferencia como repetición, como recuerdo en acto, redimensiona el lugar del analista y de la dirección de la cura; dependerá de la posición que aquel tome en la transferencia, ya poniendo a trabajar las formaciones del inconsciente y haciendo lugar al despliegue del enigma, que tanto el sueño como el síntoma despiertan; ya precipitando un accidente en la escena.

4.6.   ¿Qué se repite?

La compulsión a repetir —que en este artículo aparece ligada a la neurosis obsesiva y que tendrá que esperar hasta "Más allá del principio del placer" para tomar carácter estructural— se relaciona con la resistencia y con la transferencia. Se establecen como "actos de homenaje a Otro pretérito, olvidado, que obstaculizan una relación ideal, de cooperación para el desarrollo de una cura y que, al mismo tiempo, subrayan que el campo de la repetición es más vasto que el de la transferencia" (Glasman 63).

Freud se pregunta qué es lo que se repite, y en la respuesta establece dos órdenes diferentes:

1- Por un lado, "sus inhibiciones y actitudes inviables, sus rasgos patológicos de carácter" ("Recordar…" 153), es decir, padecimientos de tipo primario que no se cuentan del lado del síntoma. Por lo tanto, será tarea del analista conducirlos hacia la producción de síntomas; necesitan una acción analítica para ser trabajados.

2- Por otra parte, también se repiten los síntomas, y para estos últimos se reserva la interpretación.

Señalamos en este punto dos órdenes de cosas que requieren dos estrategias diferentes. Por una parte, la repetición claramente simbólica de síntomas y sueños, cuyo manejo se realiza vía interpretación y, por otra, un estatuto de padecimientos que requerirán otras intervenciones analíticas para lograr inscripción significante.

La dirección de la cura toma un nuevo curso en el que la partida se juega en el aquí y ahora de la sesión, y si bien toda acción del analista tendrá estatuto significante, no todo se resuelve en el campo de la palabra, también es determinante su acto.

Con este último movimiento se deja atrás la neurosis como un hecho histórico y su potencia se considera actual. Lo explica Freud cuando afirma:

> No debemos tratar su enfermedad como un episodio histórico, sino como un poder actual. Esta condición patológica va entrando pieza por pieza dentro del horizonte y del campo de acción de la cura, y, mientras, el enfermo lo vivencia como algo real-objetivo y actual. ("Recordar…", 153)

Esta aseveración implica una nueva forma de teorizar el lugar del analista y el del sujeto en análisis. De hecho, añade:

> Es preciso que el paciente cobre el coraje de ocupar su atención en los fenómenos de su enfermedad. Ya no tiene permitido considerarla algo despreciable; más bien será un digno oponente, un fragmento de su ser que se nutre de

buenos motivos y del que deberá espigar algo valioso para
su vida posterior ("Recordar…", 154).

Es clara la mención freudiana a la división subjetiva: hay un
fragmento de su *ser* que lo lleva a actuar y el sujeto no sabe por qué. La
división subjetiva es lo que vehiculiza que algo del *ser* interrogue al sujeto.
Esa repetición en acto, que en el ámbito del análisis encarna un enigma
que no es otro que el de la castración, es lo que permite que el sujeto se
mantenga en esa escena; es lo que sostiene el trabajo analítico durante
buena parte del tratamiento.

Como puede verse hasta aquí, el tema de la escena en la
transferencia nos permite poner sobre la mesa el problema del acto en el
campo del análisis; y, si bien trabajamos con obras donde recién se está
comenzando a diseñar la técnica analítica, ya nos topamos con un terreno
en el que se pone en cuestión el análisis como una técnica puramente
interpretativa y comienza a perfilarse la cuestión de lo real y el acto en el
ámbito de la sesión.

4.7.   La pulsión cambia el curso de la escena

En "Puntualizaciones sobre el amor de transferencia" (1914/15),
Freud plantea claramente que de las dificultades del psicoanalista, "las
únicas realmente serias, son aquellas con las que se tropieza en el manejo
de la trasferencia" ("Puntualizaciones…", 154). Comienza este artículo
precisando que el enamoramiento propio de la transferencia existe con
anterioridad, pero se pone al servicio de la resistencia cuando surge algo
penoso. La resistencia no ha creado ese amor, se sirve de él. El paciente se
torna indómito. Más adelante, el agrega:

> Es cierto que a primera vista no parece que del
> enamoramiento en la trasferencia pudiera nacer algo
> auspicioso para la cura. La paciente, aun la más dócil hasta
> entonces, ha perdido de pronto toda inteligencia del
> tratamiento y todo interés por él, no quiere hablar ni oír
> más que de su amor, demanda que le sea correspondido; ha

resignado sus síntomas o los desprecia, y hasta se declara
sana. Sobreviene un total cambio de vía de la escena, como
un juego dramático que fuera desbaratado por una realidad
que irrumpe súbitamente (p. ej., una función teatral
suspendida al grito de « ¡Fuego! »). El médico que lo
vivencie por primera vez no hallará fácil mantener la
situación analítica y sustraerse del espejismo de que el
tratamiento ha llegado efectivamente a su término.
("Puntualizaciones…" 165/6)

Si desglosamos lo que plantea Freud en este caso, advertimos que
algo se va deslizando desde un amor tierno y colaborador hacia una
situación indómita y pasional. Es claro que comienza a aludir a algo de
otro orden que irrumpe en la escena y que la desbarata; el ejemplo que
plantea, el del grito de "fuego" en medio de una función teatral, alude
claramente a una irrupción de lo real que rompe la ficción y rasga la
escena en el seno de la sesión. Esa irrupción produce un "total cambio de
vía de la escena", afirma Freud, y comienza a hablar de otro tipo de
actuación; una en la que, en lugar de armar la escena propia de la
repetición transferencial, donde se cifra un mensaje dirigido al analista al
modo de un síntoma, se recurre a una sobreactuación, a una mostración
excesiva de la que el analizante no puede responsabilizarse subjetivamente.
Algo se manifiesta más allá de su subjetividad, amenazando destruir la
escena en vez de alimentarla con significantes. Es esto lo que lo lleva a
usar el ejemplo del fuego y es equiparable a lo que más tarde Lacan
teorizará como el *acting-out*. Es interesante, inclusive, detenerse en los
señalamientos que hace respecto de cómo actuar frente a ello, porque son
muy similares a los de Lacan. Dice Freud:

Exhortar a la paciente, tan pronto como ella ha confesado
su trasferencia de amor, a sofocar lo pulsional, a la
renuncia y a la sublimación, no sería para mí un obrar
analítico, sino un obrar sin sentido. Sería lo mismo que
hacer subir un espíritu del mundo subterráneo, con
ingeniosos conjuros, para enviarlo de nuevo ahí abajo sin
inquirirle nada. Uno habría llamado lo reprimido a la

conciencia sólo para reprimirlo de nuevo, presa del terror.
Además, no cabe hacerse ilusiones sobre el resultado de
semejante proceder. Es bien sabido: contra las pasiones de
poco valen unos sublimes discursos. La paciente sólo
sentirá el desaire, y no dejará de vengarse.
("Puntualizaciones..." 167)

Lacan, por su lado, dice que la estrategia del analista frente al
acting out consiste en no prohibir, no reprimir, no interpretar, porque nada
de esto sería eficiente. Propone llevar lo actuado por las vías del
significante, de la palabra, maniobra que solo puede ser lograda si el
analista puede ubicarse en el lugar del Otro y reencauzar la transferencia
salvaje como transferencia de trabajo. En esto nos enfocaremos más
adelante.

Veamos ahora que Freud, a pesar de no haber teorizado la
compulsión de repetición hasta ese momento, va marcando esta dirección
desde la cura:

Uno retiene la trasferencia de amor, pero la trata como
algo no real, como una situación por la que se atraviesa en
la cura, que debe ser reorientada hacia sus orígenes
inconscientes y ayudará a llevar a la conciencia lo más
escondido de la vida amorosa de la enferma, para así
gobernarlo.

Afirma, y continúa:

La paciente, cuya represión de lo sexual no ha sido
cancelada, sino sólo empujada al trasfondo, se sentirá
entonces lo bastante segura para traer a la luz todas las
condiciones de amor, todas las fantasías de su añoranza
sexual, todos los caracteres singulares de su condición
enamorada, abriendo desde aquí el camino hacia los
fundamentos infantiles de su amor. ("Puntualizaciones..."
169)

Como vemos, Freud advierte cada vez con mayor claridad que trabaja con material explosivo y peligroso que se pone en acto en la sesión, y que de su manejo pende el éxito de la cura, pero también advierte que no hay tratamiento posible sin abrir las puertas del infierno.

De la serie de artículos que venimos trabajando, es en este donde más notoriamente se pueden empezar a diferenciar dos tipos de repetición, uno que refiere a lo simbólico, a lo sintomático, y otro que ingresa al modo de la irrupción pulsional. Pero le llevará aún algunos años elaborar esta distinción.

4.8.   Consideraciones finales

En la introducción de este capítulo nos planteábamos indagar a qué alude Freud cuando habla de escena al referirse a las situaciones propias de la sesión analítica; para eso comenzamos trabajando el tema de la transferencia.

En los primeros textos el concepto de transferencia alude al lugar del analista como soporte de falsos enlaces y facilitador del retorno de lo reprimido. Estos efectos transferenciales son neutralizados cuando el analista los localiza y los interpreta.

Pero ese esquema de trabajo se complejiza cuando la transferencia empieza a revelarse como aliada de la más fuerte resistencia; por lo tanto, todo el material reprimido se manifiesta bajo los efectos transferenciales y será éste el terreno donde se libre la batalla. La transferencia deja de ser un efecto puntual y toma todo el campo de la cura.

Esta situación genera una nueva forma de lazo, entre el analista y el analizante, en la que el proceso de la cura pierde valor para este último, quien solo estima y se interesa por actuar, en presencia del analista, sus "mociones inconscientes". De esta manera, todo lo que acontece en el aquí y ahora de la sesión toma un valor significante, tanto lo verbal como lo extra verbal, y está allí para ser trabajado.

En síntesis, de lo trabajado en los textos de Freud inferimos algunas características que definen la escena que se juega en la sesión y sus consecuencias clínicas:

1- Esta escena es un campo creado artificialmente por la situación transferencial; todo lo que allí se monta tiene valor significante.

2- Freud dirá que, al igual que la escena onírica, el paciente le atribuye condición presente y realidad objetiva. Sigue quedando latente la pregunta: ¿en qué se diferencian estas dos escenas?

3- El material que reúne en ese montaje escénico busca formas de inscripción significante. ¿Por qué la necesidad de recurrir a este montaje simbólico-imaginario para hacerlo? ¿Cuánto de lo pulsional se juega allí?

4- La escena se despliega en torno a la presencia del analista. Al paciente deja de interesarle lo que tiene para decir y lo único que le interesa es el oyente (el testigo, como lo llama Lacan).

5- Lo paradójico es que este interés del analizante por la persona del analista lo torna indómito y, al mismo tiempo, es lo que permite poner en circulación las representaciones inconscientes que no pueden ser transferidas a la cadena asociativa.

6- Freud pretende hacer del ámbito de la sesión el lugar para que se despliegue la repetición, sacándola de la vida cotidiana del paciente; o sea, ofrecer un campo de acción que permita la sustitución de "acciones motoras por ligaduras fantasmáticas" (Glasman 65).

7- Por lo tanto, la escena transferencial sería un espacio artificial que genera la presencia del analista, "propicio para el desarrollo y la manifestación del deseo" (65).

8- Esta escena imprime un signo distintivo al método y a la técnica de trabajo: el no recuerda lo olvidado sino que lo repite con total ignorancia de lo que hace, dando lugar a la acción analítica.

9- El sujeto busca, en esta repetición frente al analista, inscribir en forma significante lo que no encuentra representación de otro modo.

10- Freud establece dos tipos de repetición:

-Repetición de padecimientos de tipo primario, como inhibiciones o rasgos de carácter.

-Repeticiones sintomáticas, que pueden remitir mediante la interpretación.

11- Esta repetición de lo que no se puede recordar permite el trabajo terapéutico en tanto pone en evidencia la división subjetiva; el sujeto actúa y no sabe por qué lo hace. El misterio de la castración se revela en esa repetición.

12- En "Más allá del principio del placer" se teoriza un tipo de repetición pulsional que amenaza con romper la escena y pone en riesgo la prosecución del tratamiento.

CAPITULO 5

La escena entre el principio del placer y su más allá

5.1.   Introducción

En 1920, con la publicación de "Más allá del principio del placer" se produce una reformulación conceptual de la metapsicológica freudiana, no solamente porque se instituye un nuevo dualismo pulsional —pulsiones de vida y de muerte— sino, también, por las consecuencias clínicas que esto trae aparejado, inaugurando un aspecto de la vida psíquica que compulsa a repetir más allá del establecido principio del placer y de su sucedáneo, el de realidad.

Esta compulsión de repetición abre la última fase de la doctrina freudiana, como lo señala su autor:

> Pero entonces debemos decir que, en verdad, es incorrecto
> hablar de un imperio del principio de placer sobre el
> decurso de los procesos anímicos. Si así fuera, la
> abrumadora mayoría de nuestros procesos anímicos tendría
> que ir acompañada de placer o llevar a él; y la experiencia
> más universal refuta enérgicamente esta conclusión. ("Más
> allá…" 9)

Freud se encuentra con lo que Lacan llamará "goce", concepto que implica sentir satisfacción en el sufrimiento y que lleva al hombre a repetir incansablemente aquello que lo hizo sufrir. Quizás sea el mecanismo psíquico más incomprensible, aún para el sujeto que lo padece, quien no puede creer ser agente de esta incansable repetición del dolor. Por otra parte, es también uno de los escollos más complicados de saltear en la cura, por las fuertes resistencias que produce.

Esta reformulación de las pulsiones también incide en la teorización de la angustia, concepto que tomará su forma más acabada en el texto "Inhibición, Síntoma y Angustia" (1925/26). Si en su primera tesis

Freud afirmaba que la angustia era el producto de la represión, aquí comienza a dar un giro, la angustia surge por la irrupción pulsional, o sea, justamente por lo contrario. Cuando la pulsión no logra reprimirse y, por lo tanto, retornar bajo el imperio de las formaciones del inconsciente, su irrupción sin velos da señal de peligro y produce una invasión de angustia como defensa, frente a la amenaza de la integridad subjetiva.

Las consecuencias clínicas de estos desarrollos, tanto con relación al concepto de pulsión como al de angustia, son fundamentales para nuestro tema, especialmente en conexión con lo que nos planteamos como los accidentes de la escena, porque ellos se producen por efecto de la irrupción pulsional y la concomitante angustia.

5.2.   El más allá

Para empezar a abordar estas cuestiones sería importante revisar el recorrido del texto "Más allá del principio del placer" y pensar la relación que guardan la escena en la transferencia y el más allá del principio del placer, siempre teniendo en cuenta que los indicadores clínicos por excelencia serán la presencia de la angustia y las condiciones bajo las cuales se presenta.

Freud se interroga por qué los sujetos necesitan repetir compulsivamente situaciones de tipo traumáticas que deparan sufrimiento y de las que, se supone, deberían huir, especialmente teniendo en cuenta el imperio del principio del placer al que responde el aparato psíquico. Elige para esta indagación los sueños traumáticos, el juego infantil y la compulsiva repetición en el campo de la transferencia. En estos tres ámbitos (sueños, juego y clínica) podemos establecer la relación entre la repetición y el monto de angustia presente. La irrupción pulsional tiene un vínculo directo con la posibilidad o imposibilidad de armar una escena.

5.3.   Sueños traumáticos

Tomaremos, en primera instancia, la otra escena del sueño como paradigma de toda escena. Ya analizamos, en el capítulo III las condiciones estructurales de su formación y las consecuencias de la invasión de angustia.

En *Más allá...*, Freud afirma que el estudio de los sueños es una de las fuentes clínicas más seguras para esclarecer la teoría. Toma como ejemplo los sueños en las neurosis traumáticas, en los cuales la vivencia del accidente o del trauma se repite una y otra vez, atormentando al sujeto que, en la vida despierta, casi no repara en ello, no se detiene a pensar en esa experiencia. Debería parecernos extraño, entonces: el sueño lo sumerge nuevamente allí, a pesar de su naturaleza de protector del dormir y de realización de deseo, y la vivencia se repite compulsivamente y produce el inmediato despertar como consecuencia de la irrupción de angustia.

El trauma del que habla Freud en este texto es puesto en igualdad de condiciones con sus primeras conceptualizaciones del trauma[6]. Luego la teoría muta, tomando como traumática la inscripción de la sexualidad en el *infans*, proceso que deja huellas en la subjetividad como un exceso de excitación producido por la irrupción del deseo de Otro, marcando fijaciones pulsionales. Y son precisamente estas fijaciones las que se repiten compulsivamente tomando el rostro de escena traumática. En otras palabras, los excesos de excitación que el aparato anímico no logra ligar, como explicamos en capítulos anteriores, son los que producen fijaciones pulsionales. Esta es la razón de la compulsión en los sueños, porque, en realidad, lo que se intenta en esa repetición es una tramitación. Escribe Freud:

> Estos sueños buscan recuperar el dominio sobre el
> estímulo por medio de un desarrollo de angustia cuya
> omisión causó la neurosis traumática. Nos proporcionan
> así una perspectiva sobre una función del aparato anímico
> que, sin contradecir al principio de placer, es empero

---

[6] Esta primera concepción fue trabajada en el capítulo I: refiere a un acontecimiento traumático de tipo sexual vivido por el sujeto.

independiente de él y parece más originaria que el
propósito de ganar placer y evitar displacer. (*Más allá*... 31)

En síntesis, son sueños que buscan una ligazón psíquica y van
acompañados de elevados montos de angustia porque actualizan las
vivencias de igual característica. En la "Revisión de la doctrina de los
sueños" (1933) Freud hace hincapié en el trípode "escena, pulsión y
angustia" para analizar la imagen y su sensorialidad en consonancia con la
pulsión y la angustia desligada hasta llegar a la ruptura de la escena onírica.
El escenario del sueño, a pesar de fallar en su función, en tanto despierta y
rompe la ilusión de la escena onírica, ofrece a la pulsión un precario velo.
Su condición de precariedad se debe, justamente, a que algo aparece
entrevisto, apenas disimulado, pero aún así protege del encuentro con el
trauma. En este tipo de sueños lo que emerge de la fijación traumática
como pulsión pone de manifiesto aquello del aparato que no puede ser
ligado, es decir, aquello que el sujeto no puede significar, aquello que no
encuentra los significantes para ingresar en la cadena asociativa, en el
registro de lo simbólico.

Siguiendo nuestro eje de investigación, acotaríamos que la escena
que estos sueños montan para velar lo real de la pulsión es precaria y
frágil; esto trae como consecuencia que algo de semblante se logre pero,
aún así, lo traumático aparece entrevisto. Y es justamente esto, lo
entrevisto, lo que se ve en la escena del sueño con tanta intensidad
sensorial que produce la invasión de angustia y el despertar. Freud
postulará que "el sueño es un *intento* de un cumplimiento de deseo"
("Revisión de la…" 27) porque no siempre la otra escena puede capturar
lo traumático y hacer de ello un semblante. La insistencia de los sueños
traumáticos no es la insistencia significante, no es la insistencia en retornar
de lo reprimido; por el contrario, cuando la pulsión emerge de fijaciones
traumáticas no puede ser ligada y lo que insiste es un eterno retorno de lo
igual. En razón de ello, afirma Freud:

en un primer momento el principio de placer quedará
abolido. Ya no podrá impedirse que el aparato anímico

resulte anegado por grandes volúmenes de estímulo;
entonces, la tarea planteada es más bien esta otra: dominar
el estímulo, ligar psíquicamente los volúmenes de estímulo
que penetraron violentamente a fin de conducirlos,
después, a su tramitación. (*Más allá...* 29).

A partir del recorrido realizado hasta aquí podríamos decir, a modo de conclusión, que la compulsión de repetición es una búsqueda de ligazón con el fin de lograr una tramitación, repetición de lo igual en búsqueda de que alguna diferencia se produzca. En este punto parece importante acudir a la experiencia argentina, y personal, para una mejor comprensión. Los tiempos de la dictadura militar en nuestro país, lamentablemente, dejaron en muchos sujetos sobrados ejemplos en lo que a sueños traumáticos se refiere. Todos los que asistimos a las postrimerías de este terrorismo de Estado tuvimos la oportunidad de escuchar, en las reuniones con amigos, los angustiados relatos de sujetos sobrevivientes que no lograban conciliar el sueño porque las imágenes de esos días, meses o años, los acosaban cada vez que se dormían. Sujetos que despertaban atormentados, a punto de trepar techos para "supuestas huidas oníricas". El tiempo de la democracia dio la posibilidad de empezar a hablar de lo sucedido: las muestras de arte, las películas, las nuevas y viejas palabras que retornaban en nuestros discursos hicieron que el horror pudiera empezar a significarse y que los sujetos, no todos, pudieran comenzar a preguntarse qué de ellos se había perdido con el horror. De este modo, quedaron atrás esos sueños que aterrorizaban. Luego de 30 años la vida nos encuentra en otro lugar, escuchando nuevamente los relatos de pesadillas que los hijos de desaparecidos traían al consultorio. Algo llamativo comienza a suceder: esta nueva oleada del trauma se presenta en las vísperas de los juicios a represores: las caras, los monstruos, las armas, retornan al consultorio amenazando y retornándolos a la fragilidad subjetiva en la que esta historia los sumerge. Tuvimos que trabajar en lo subjetivo lo que la sociedad realizaba, por su parte, en los estrados de la Justicia; en ambos casos se intentó que el trauma ligara, diera una vuelta más de significación y que el sujeto soportara la terrible pregunta: ¿qué de mí resta luego de que mi perseguidor está condenado?

Sabemos que el trauma siempre retorna en busca de una nueva significación; con ella cesa lo compulsivo, pero nunca se desactiva del todo.

Todo esto nos lleva a dos conclusiones importantes:

1- El sueño traumático, a pesar de fracasar en el intento de poner velo a lo real, algo logra velar, aun desde la precariedad de la pantalla que propone. La escena onírica se rompe e irrumpe el despertar; el sujeto, a pesar de lo vívido del sueño, sabe que es una ficción. Algo del enigma que todo sueño encarna se hace presente en el sueño traumático; de esta manera la división subjetiva se pone de manifiesto y el sujeto tiene la oportunidad de interrogarse.

2- Los sueños traumáticos nos dan un elemento para responder la pregunta planteada al comienzo de este capítulo sobre la diferencia entre la escena onírica y la que se juega bajo transferencia, y tiene que ver con el enigma. Aun en este tipo de sueños, en los que la intensidad sensorial produce la sensación de estar viviéndolos y la angustia toma al soñante, la ficción está siempre presente. Aunque la pantalla se rompa el sujeto sabe que es un sueño y el enigma se presenta. Este acertijo que todo sueño supone es independiente de que el sujeto lo subjetive o no y logre con esto interrogar su deseo. Más adelante veremos que la escena en transferencia es vivida como una realidad porque genera un mayor grado de ilusión.

5.4.   El juego del *fort-da*: una repetición que monta la es cena

Desde el psicoanálisis, fundamentalmente lacaniano, siempre se afirma que, La Cosa, lo real, lo natural, muere cuando el orden del lenguaje se inaugura. La cultura, al instalarse, va desalojando naturaleza, va intentando abarcar lo natural para colonizarlo pero éste no puede ser jamás exterminado; siempre hay un resto que persiste y que se constituye como riel, como causa, para la vida. Freud explicará el mismo proceso diciendo que la cultura, la vida, intenta ligar, unir, hacer lazo desde la cadena asociativa, desde sus redes "lenguajeras"; por esta razón lo reprimido inconsciente está marcado por la insistencia del lenguaje, por la insistencia de lo simbólico, por el automatismo de lo simbólico, uno de cuyos ejemplos es el *fort-da*.

Freud descubre que su nieto de 18 meses jugaba arrojando todos los juguetes pequeños a su alcance mientras decía "o-o-o-o", sonido que tanto Freud como la madre del niño interpretan como *fort* (se fue). "Al fin caí en la cuenta de que se trataba de un juego y que el niño no hacía otro uso de sus juguetes que el de jugar a que se iban" ("Más allá..." 15), escribe. Continuó observando al niño y vio que con un carretel de madera atado a un piolín repetía la acción. A veces hacía desaparecer el carretel para luego tirar del piolín y saludar su aparición con un *da* (acá está) amistoso.

El juego de este niño da cuenta de un momento inaugural en el psiquismo humano. Tomando distintas formas, pero siempre conservando la acción de hacer desaparecer-aparecer —como pura oposición— ya los objetos a su alcance, ya él mismo o a un adulto de referencia, esa acción va siempre acompañada con expresiones lingüísticas, muchas veces precarias, con las que representa las dos fases: desaparición-aparición. Este par ausencia-presencia escenifica el abismo necesario que la castración de la madre abre en la subjetividad infantil y también representa la necesidad estructural de habitar ese abismo con una ficción de lenguaje.

A partir de sus observaciones, Freud concluye:

> La interpretación del juego resultó entonces obvia. Se entramaba con el gran logro cultural del niño: su renuncia pulsional (renuncia a la satisfacción pulsional), admitiendo sin protestas la partida de la madre. Se resarcía, digamos, escenificando por sí mismo, con los objetos a su alcance, ese desaparecer y regresar. (*Más allá...* 15).

Lo que llama la atención a Freud en este juego es que la primera escena (hacer desaparecer) se repite incansablemente más veces que la segunda, a pesar de ser la menos gratificante. ¿A qué principio, se pregunta, responde la necesidad de repetir, ahora en el juego, la penosa partida materna? "Ahora se ponía en un papel activo, repitiéndola como juego, a pesar de que había sido displacentera" ("Más allá..." 16), afirma .Y en ese movimiento, el intento del niño es "procesar psíquicamente algo impresionante, apoderarse enteramente de eso" (16). Nos preguntamos: ¿a qué se refiere con "procesar psíquicamente o apoderarse"? ¿Será, quizás, poder significar el vacío que la madre deja con su partida? Significar tiene que ver con poner palabras o, mejor, significantes. En este juego los objetos, como el carretel, o los movimientos que el despliegue lúdico requiere, o sea, la puesta en escena, tienen un valor significante. Y todo este conjunto imaginario-simbólico que el juego pone en funcionamiento permite velar, con la escena del juego, el abismo que la madre deja con su ausencia. Pero no es solo velar sino también significar qué de él queda cuando la madre parte, es decir, significarse a sí mismo en ausencia de la madre.

Esta escena que monta le permite al niño comenzar a construir una ficción sobre sí, trabajo que solo será posible si la madre genera, por momentos, el vacío de su ausencia. Esto se va revelando con mayor claridad y Freud lo expresa de este modo: "Descubrió su imagen en el espejo del vestuario, que llegaba casi hasta el suelo, y luego le hurtó el cuerpo de manera tal que la imagen del espejo 'se fue'" ("Más allá..." 15). El niño se arroja fuera, *fort*, por la abertura que la madre deja con su partida. Dice Cosentino que esta huida del espejo "vale como ese carretel que arroja y al que, al mismo tiempo, sostiene por el piolín" (213). Algo de la privación se hace presente con la ausencia materna y el niño pierde algo, una parte se suelta; pero con esa pérdida no se pierde él: está sostenido por el cordel. Para el bebé o-o-o-o (se fue) vale como un único fonema que necesitará hacer serie con el *da* para que algo retorne. En otras palabras, cuando la madre muestra su falta y busca el falo en otro lugar, el niño deja de ser el objeto que tapa su falta, pierde el carácter de objeto para reencontrarse como sujeto de deseo.

Luego de ese momento, el lenguaje, que antecede al niño,
le devuelve el *da*, vale decir, la primera oposición

pronunciada. Entonces, luego de ese momento inaugural, el niño se constituye como sujeto dividido: el *fort* ahora lo representa. Se trata de la primera marca o inscripción del sujeto. Fue necesaria una pérdida. (Cosentino 213)

Para que el niño se constituya como sujeto tiene que perderse como objeto; el carretel, al que no se nombra, designa ese objeto; designa esa parte del niño que se perdió como objeto de la madre para dar lugar a la ficción del sujeto. La repetición, en este caso, toma otra dimensión, diferente al retorno de lo igual:

En primer lugar, advertimos que al producirse el vacío de la falta materna, el niño, para no caer en ese abismo impresionante (como lo llama Freud), construye una escena, donde intenta significarse.

En segundo lugar, esta repetición escenificada permite elaborar una primera respuesta subjetiva, luego de abandonar el lugar de objeto de goce de la madre. Renuncia pulsional y ganancia cultural del niño que admite la partida materna sin escándalos; así lo explica Freud.

Arma una cadena significante —ganancia cultural— en la cual él se sostiene como sujeto más allá de la ausencia materna. Destacamos que para poder encadenarse en esos significantes, *fort* y *da*, necesitó hacer un montaje imaginario-simbólico, "la escena del juego", que posibilita este pasaje del abismo de la ausencia a la aparición de un significante que lo represente. Se trata, pues, de la primera dramatización del sujeto; tiene por función procesar lo traumático y ubicarlo en una escena para montar en ella su subjetividad, que no deja de estar sujeta a vaivenes.

Y, finalmente, podemos afirmar que esta repetición de lo simbólico muta en placer lo displacentero en tanto logra ligarlo a representaciones y hacer cadena significante.

5. 5.   La neurosis de transferencia

El capítulo 3 de *Más allá...* comienza con una reflexión sobre la técnica psicoanalítica que tiene puntos en común con las que plantea en "Recuerdo, repetición...", pero en esta, además, enfatiza la imposibilidad de que devenga consciente lo inconsciente. Revela un núcleo que resulta de difícil tramitación vía el recuerdo o las formaciones del inconsciente.

Será la transferencia el campo de batalla donde todo este explosivo material se pondrá de manifiesto produciendo una nueva 'enfermedad' que reemplazará la anterior y que Freud llamará neurosis de transferencia:

> Lo que sucede es que el paciente se ve forzado a repetir lo reprimido como vivencia presente, en vez de recordarlo, como el médico preferiría, en calidad de fragmento del pasado. Esta reproducción, que emerge con fidelidad no deseada, tiene siempre por contenido un fragmento de la vida sexual infantil y, por tanto, del complejo de Edipo y sus ramificaciones; y regularmente se juega {se escenifica} en el terreno de la transferencia, esto es, de la relación con el médico. Cuando en el tratamiento las cosas se han llevado hasta este punto, puede decirse que la anterior neurosis ha sido sustituida por una nueva, una neurosis de trasferencia. (*Más allá...* 18)

Cabe destacar que Freud está hablando de neurosis; no hace referencia a la transferencia en la psicosis, que no responde en absoluto a esta modalidad, porque la posibilidad simbólica del automatismo de repetición, que escenifica la trama edípica, es propia de la neurosis. En la repetición simbólica se pone de manifiesto la posibilidad de sustitución de un representante inconsciente por otro, tal como lo veíamos escenificado en el juego del *Fort-Da*, y éste es el mecanismo de la represión propiamente dicha o represión secundaria. Para que esta represión funcione será necesaria la instalación de complejo de castración en su valor simbólico, esto quiere decir, que esté inscripta la dupla castración-falo.

> La castración, como consecuencia de su génesis en la fase del primado del falo (todos tienen pene), hace posible la caída de esa premisa y lleva a la ubicación del falo como simbólico. Con relación al juego del *fort-da*, comporta una presencia que evoca siempre una ausencia. Y al haber una

> duplicación del lugar de la falta sostiene la pérdida del
> objeto (el sujeto humano nace en la pérdida de cualquier
> objeto natural del instinto) que ya estaba perdido (con la
> experiencia mítica de satisfacción), pero en esta dimensión
> simbólica donde el falo es el símbolo de la castración.
> (Cosentino 227)

Estamos en los dominios de la falta, del sujeto del inconsciente, con el desplazamiento del deseo y del síntoma como mensaje por ser descifrado.

Esta transferencia, que permite la escenificación de la trama edípica, es la de tipo positivo y la ubicamos como motor de la cura.

Pero, por otro lado, en *Más allá...* se plantea la repetición, en la transferencia, de vivencias pasadas que no admiten posibilidad alguna de placer y frente a esto Freud se pregunta: ¿qué es lo que lleva a esa repetición compulsiva que tanto displacer produce? ¿Cuál es la lógica de esa repetición? ¿Qué es lo no ligado que se ve compulsado a repetirse y que no logra hacer lazo en lo que se repite? ¿Lo que no puede ser ligado es ese exceso —ya desarrollado en capítulos 1 y 2— que señala el final de la cadena asociativa, lugar donde anidan las fijaciones pulsionales ligadas a fantasmas primarios?

Este eterno retorno de lo igual, del que habla Freud, conduce al sujeto una y otra vez al encuentro con el trauma. Toma, para explicar esto, el ejemplo de algunas vidas que parecen estar signadas por destinos demoníacos que las llevan siempre al mismo lugar de sufrimiento, como la de esa mujer que se casó tres veces y en las tres terminó junto al lecho de un enfermo, escoltando la agonía. Nos preguntamos: ¿Cómo lograr que el sujeto se reconozca en lo que repite y no lo asigne a un destino que lo persigue? ¿Cómo acceder a este material que no tiene representación en la cadena asociativa, y que marca su punto de carencia, pero que se empeña en llevar al sujeto a la vivencia actual de esa situación traumática?

Para responder estos interrogantes nos centramos primero en la transferencia positiva en tanto instala la repetición como motor y permite recuperar el recuerdo en acto; de esta manera pone a trabajar al inconsciente reprimido, es decir, el circuito por el cual el sujeto está sobredeterminado, o sea, lo reprimido, lo que retorna vía formación del inconsciente. Y lo hace de modo tal que esta repetición le permite al sujeto producir algo que nunca supo, y eso puede generar algún efecto de verdad. Pero, necesariamente, esta repetición empuja hacia el más allá del principio del placer y llega a estratos de lo sumergido en el fondo, como lo llama Freud. Se trata de pulsiones no ligadas que buscan descarga una vez instalado el circuito de la repetición, y es aquí cuando Freud señala que "la tarea del aparato psíquico será ligar la excitación de las pulsiones que entran en operación en el proceso primario" (*Más allá...* 35). Frente a esto, plantea Cosentino:

> las huellas mnémicas libremente móviles que entran 'en operación en el proceso primario' pueden ser ligadas en la sustitución de un representante inconsciente por otro en la transferencia, mientras que la excitación de las pulsiones — el goce pulsional— puede ser atemperado por el principio del placer. (212)

El dispositivo clínico, propiciado por la transferencia, se ofrecerá como lugar propicio para la repetición, para la posibilidad de un encuentro y para que la pulsión obtenga ligazón. También puede ocurrir que la irrupción pulsional insista generando profundo displacer y, al igual que en los sueños traumáticos, amenace con desarmar la escena transferencial, consecuencia del retorno de ese resto no ligado que amenaza la consecución de la cura.

Este recorrido teórico nos deja planteado que el recuerdo en acto, montado como la puesta en escena de la transferencia, permite el retorno de lo reprimido a modo de síntomas, actos fallidos y sueños, pero también escenifica, tomando como centro al analista, el lugar que el sujeto ocupa en el deseo del Otro. Esas escenas se deslizan desde las repeticiones significantes, es decir, discursivas, hacia irrupciones pulsionales libres que no se presentan al modo del retorno de lo reprimido y por tanto tienen presentaciones bastante más explosivas.

5. 6. Anudando

Luego de este recorrido por los tres ejemplos (juego, sueño y clínica) con los que trabaja Freud para teorizar el "Más allá…", podemos arribar a algunos puntos importantes para nuestro tema.

En primer lugar, resaltamos la diferencia entre la escena onírica y la escena en la transferencia, trabajada en el apartado sobre sueños traumáticos. Mientras que la primera mostrará siempre su carácter de semblante, aun en las peores condiciones de los sueños de angustia, y, por lo tanto, permite que alguna pregunta subjetiva se haga presente, la segunda, la escena que se produce por la repetición en la transferencia, tiene la característica —planteada por Freud en sus escritos técnicos y reforzada en "Más allá del principio del placer" — de producir la ilusión de realidad, tomando al sujeto en ella de tal manera que plantear su carácter de montaje y abrir una pregunta subjetiva es el producto de un arduo trabajo analítico guiado siempre por una lectura.

En segundo lugar, creemos importante tener en cuenta las conclusiones a las que arribamos en el apartado dedicado al *fort-da*. Allí empezamos a encontrar algunas respuestas respecto de la necesidad del sujeto en transferencia de montar la escena para poner rostro a aquello traumático que no encuentra forma de expresión. Veíamos, en el juego infantil, que frente al abismo impresionante que abre la partida materna, el niño necesita apelar a todos los elementos con los que puede contar para poder sostenerse en una ficción. Dentro del conjunto que nombramos como todos los elementos están también los objetos con los cuales él puede representarse, el carretel en este caso, como así también las posibilidades de representación de sí que brinda el espacio especular cuando juega con el espejo del ropero. Necesita sostenerse en objetos investidos libidinalmente donde el juego identificatorio se facilita, porque con estas apoyaturas es posible construir, armar el montaje, la tramoya de la escena. Esta escena, como sabemos, al ser un juego de semblantes ayuda a construirse como ficción y, por lo tanto, a desalojarse del lugar de objeto en el deseo materno. La escena tiene como condición de posibilidad el vacío en el centro: porque la Cosa se desaloja, la escena se hace posible. Sostenido en esta estructura ficcional, el sujeto se arma, razón por la cual será el artificio indispensable para el trabajo clínico, para que lo insoportable, lo inefable, pueda ser convocado. Esta escena, de más está decirlo, se sostiene por la presencia del analista.

El problema se genera cuando la irrupción pulsional amenaza con romper la escena o plantea una mostración de sobreactuación, de escena sobre la escena, como última apelación para sostenerse en ella. Para saber qué hacer en estos casos será necesario trabajar profundamente la obra de Lacan, porque en estas situaciones él llama al analista a responder desde la acción analítica, y esto supone alguna apuesta de su parte.

Otra de las cuestiones que nos quedan planteadas es el momento en el que es el mismo analista el que debe conducir la cura para poder atravesar la escena, momento para el cual, seguramente, el sujeto debe estar bien preparado y el analista, con el deseo "bien provisto" como dice Lacan en el *Seminario 10 La angustia*. Este es otro de los temas que deberemos abordar en Lacan.

5.7.   Un recorte clínico

Con un relato entrecortado, en el que decía cosas que casi no tenían sentido alguno, Noelia se presenta a su primera entrevista. Por momentos, hasta parece ex profeso el desorden; dice que su primer recuerdo es un toldo verde y luego una ventana y, junto a eso, que su cuarto no tenía ventanas. Parece que se hace la loca. Comienza como quien pretende impresionarme. Relata que, de niña, en el colegio no podía dejar de tocarse bajo el banco; que durmió con sus padres hasta la pubertad. Que en su casa, más allá de los vaivenes económicos, jamás hubo un lugar para ella, que había pasado al pasillo del cuarto de los padres, y que no podía acallar en su cabeza el ruido de estos manteniendo relaciones mientras ella dormía en la cama contigua. Todo esto, dicho con cierta desorganización, interjecciones, frases inconclusas que yo debía completar. Lo que decía no iba acompañado de angustia: era como si hablara de otra persona. A pesar de la densidad de lo relatado, no guarda la pretensión de angustiarme, no tiene ribetes perversos. Es más bien un juego en el que "tira todo" sobre mí, como diciendo "esto soy, hacete cargo". A toda esta escena se suma un aspecto físico bastante desordenado, con el cabello teñido en partes de azul, verde, fucsia, etc. Hasta en estos detalles hay algo que pretende ser expuesto, mostrado, hasta sobreactuado. Dice que está dejando otro análisis en el que viene trabajando hace tres años, pero que su psicóloga le dice que ella es insoportable y que ya no piensa aguantarla. La relación con esta terapeuta es de mucha adhesividad, la llama continuamente por teléfono, va a su casa, hasta le cuida los hijos en ocasiones. La psicóloga suele no llegar a la cita de las sesiones, siempre tomada por problemas de tipo doméstico. La escena de Noelia empieza a clarificarse: por un lado, me desafía preguntándome si estoy dispuesta a aguantarla, y, por otro, se derrama en mi consultorio sin restricciones.

Decido comenzar ubicando algunas medidas fálicas, por lo menos, en el discurso. Intervengo para marcar que no se entiende lo que dice y que no estoy dispuesta a descifrar interjecciones ni frases inconclusas. Considero que es el primer lugar en el que soy llamada a intervenir, sin producir un efecto imperativo y, al mismo tiempo, poner un orden. Por otra parte, esta medida pone un primer freno a su tentación compulsiva de derramarse sobre mí; hacerse entender es una responsabilidad de ella; ella es la que solicita ser escuchada.

En segundo término, se fijan cuatro entrevistas luego de las cuales se decidirá si es posible comenzar un proceso analítico con ella. Esta estrategia tiene como fin frenar la sobreactuación de la locura y pautar condiciones de trabajo a las que ella quede comprometida.

La escena bajo la que esta paciente se presenta será el eje sobre el que se trabajará durante mucho tiempo. Seguiremos este caso más adelante, pero este recorte nos da la pauta de que la escena que esta muchacha arma, en la que se debate entre la actuación y la sobreactuación, le resulta irrefrenable. Noelia no encuentra otra forma de hacerse un lugar en el Otro si no es haciéndose la loca.

CAPÍTULO 6

La escena en Lacan: entrecruzamientos

6.1. Introducción

El tema de la escena en la obra de Lacan no es independiente de los desarrollos freudianos; por el contrario, sus conceptos están íntimamente ligados. En primer lugar, podemos afirmar que tiene para Lacan carácter de defensa frente a lo real, y, en este sentido, es solidaria con las conceptualizaciones freudianas que consideran la escena traumática como el primer producto del trabajo defensivo: son formaciones que tienen el propósito de velar aquello que para el sujeto resulta insoportable, ficciones protectoras. Lacan llega a darles carácter de pantallas tras las cuales se oculta lo traumático. Así como en Freud lo que no tiene traducción por vía de la representación es lo pulsional, en Lacan está relacionado, en un primer momento, con la falta del Otro, con la imposibilidad de ofrecer garantías, con la falta de respuestas frente al deseo del sujeto. A partir de los desarrollos del *Seminario 7 de la Ética*, lo traumático se vincula con lo real; por lo tanto, no se trata de meras escenas sino de intentos de tapar lo que ningún sujeto quiere saber, lo inefable.

6.2. Escena y fantasía

En "El creador literario y el fantaseo", Freud establece un paralelismo entre el sueño y la fantasía, porque en ambas formaciones hay un intento de realización de deseo. Esto abre uno de los caminos que Lacan no abandonará: el vínculo entre la fantasía y el deseo, aunque cabe aclarar que usa el término de fantasma, en lugar del de fantasía empleado por Freud, y lo hace para diferenciarse de la concepción kleiniana, que definía la fantasía como la traducción mental del instinto —vocablo que aún no se traducía como pulsión—.[7] Romper con esta conceptualización tenía el propósito de separar la fantasía, o fantasma, de la pulsión, y ligarla, como lo había hecho Freud, al concepto de deseo.

El vocablo fantasma, desde su raíz etimológica, no hace alusión a espectro sino, y tal como Lacan lo emplea, al guión imaginario que teje el sujeto.

La Carta 63 de Freud a Fliess tiene adjunto un manuscrito en el que ubica las fantasías como predecesoras de los síntomas neuróticos; explica además que están sometidas a distorsiones y que son ficciones inconscientes en las que el sujeto escenifica su relación con los otros primordiales.

> Las fantasías se generan por una conjunción inconsciente
> entre vivencias y cosas oídas, de acuerdo con ciertas
> tendencias. Estas tendencias son las de volver inasequible
> el recuerdo del que se generaron o pueden generarse
> síntomas (…) Así, un fragmento de la escena vista es
> reunido en la fantasía con otro de la escena oída, mientras
> que el fragmento liberado entra en otra conexión. Con ello,
> un nexo originario se vuelve inhallable. Mediante la
> formación de tales fantasías (en períodos de excitación),
> cesan los síntomas mnémicos. A cambio, están presentes
> poetizaciones inconscientes que no sucumben a la defensa.
> (Freud 293)

Esto es retomado por Lacan para teorizar los fantasmas como la escenificación que el sujeto realiza de su lugar frente al deseo del Otro.

---

[7] "Desde el punto de vista terminológico, el término «pulsión» fue introducido en las traducciones de Freud como equivalente al alemán *Trieb*. Las traducciones francesas utilizan la palabra pulsión, para evitar las implicaciones de términos de uso más antiguo, como «instinto» y «tendencia». Este convenio no ha sido siempre respetado, a pesar de estar justificado" (Diccionario de Psicoanálisis. Laplanche y Pontalis). Esta interpretación errada de la palabra alemana *Trieb* como instinto (presente fundamentalmente en las traducciones inglesas y españolas) tiene un fuerte impacto que produce mucha confusión en la compleja conceptualización freudiana de la pulsión.

Pero las ficciones también son planteadas como vehículo para decir una verdad subjetiva por medio de una puesta en escena que vela lo insoportable. Por esta razón las escenas están siempre sujetas a la deformación significante, tal como sucede con la escena onírica.

Hasta aquí hemos tendido algunas líneas, que luego iremos profundizando, respecto de la escena onírica y de la escena que monta la fantasía para Lacan, pero cabe preguntarse por las pequeñas o grandes escenas que se ofrecen en sesión, productos de la transferencia al analista.

El dispositivo clínico, que por estructura supone ya un cierto montaje y una situación artificial, tal como plantea Freud, tiene aspectos en común con los dispositivos escénicos del teatro. De hecho es grande la cantidad de referencias, tanto en Freud como en Lacan, que apelan a textos dramáticos o a situaciones propias del teatro para hablar de la clínica.

6.3.   La transferencia no es una cuestión imaginaria

Lacan alude a la cuestión de la escena en la transferencia desde su primer Seminario, Los Escritos Técnicos de Freud (1953-54). Allí es tajante al señalar que el analista es el punto al que se dirige todo el material significante en la sesión, y este incluye aquello que se expresa en palabras como las acciones que se despliegan. De este modo, se aleja de la concepción de la transferencia como una cuestión imaginaria de emociones y reactualización de viejas imagos, tal como estaba planteada por los pos-freudianos. Señala:

> cada vez que estamos en el orden de la palabra, todo lo que
> instaura en la realidad otra realidad, finalmente sólo
> adquiere su sentido y su acento en función de este orden
> mismo. Si la emoción puede ser desplazada, invertida,
> inhibida, si ella está comprometida en una dialéctica, es
> porque ella está capturada en el orden simbólico, a partir
> del cual los otros órdenes, imaginario y real, ocupan su
> puesto y se ordenan. (*Seminario 1*, 346)

En este sentido, insiste en que la palabra es la que instituye y estructura el mundo semántico; por lo tanto, nunca es unívoca, sino que está sujeta al deslizamiento significante. De alguna manera, comienza a separar en el orden discursivo lo que a partir del *Seminario 5, Las formaciones del Inconsciente*, va a trabajar como los dos pisos del grafo del deseo.

Como ya dijimos, estas reflexiones surgen como una crítica a la extendida conceptualización imaginaria de la transferencia. Para ejemplificar los efectos clínicos de esta concepción, en su primer Seminario toma el caso de un paciente de Hermann Nunberg, posfreudiano de extendida trayectoria. Lo que se plantea en este caso es que el analista advierte que la amable y colaboradora actitud de su paciente para hablar en sesión, dando un pormenorizado registro de todo lo sucedido, se remonta a un recuerdo de infancia en el que todas las noches su madre se sentaba al costado del lecho y él le relataba los acontecimientos del día mientras veía dibujarse sus senos tras el camisón.

Nunberg explica que, por efecto de la transferencia, el paciente sobreimprime en la situación actual, o sea, en la escena analítica, la pretérita escena con la madre y que la tarea del analista es separar lo que está sobreimpreso. "¡Nada de esto!", afirma Lacan, y pone el acento en el valor de la palabra. Es tajante en demarcar los campos y colocar el tema de la transferencia en el de lo simbólico: nada tiene que ver una escena con la otra, ni el analista, en este caso, ocupa el lugar de la madre. El acento de lo que en la escena analítica se plantea está en su valor significante y en el modo que el sujeto irá desplegando su discurso. "Este valor es valor de palabra. No hay aquí ningún sentimiento, ninguna proyección imaginaria y el Sr. Nunberg, quien se agota en la tarea de construirla, se coloca así en una situación inextricable" (*Seminario 1* 352). Cuando Lacan alude al campo simbólico, se refiere a realizar una lectura estructural de los lugares que se encuentran en juego en la escena transferencial, lectura que irá precisando con la ayuda de sus esquemas y grafos.

La situación analítica, dice, es la que permite cambiar el acento de la palabra y hacer que deje su condición de "palabra vacía", como la llama en el "Informe de Roma" (1953). El acto analítico es un acto de palabra, cuyo valor actual es el que permite que se torne palabra plena o vacía. No se trata de un problema de imago antigua, sino de que el sujeto se haga cargo de su discurso actual y se pregunte sobre lo que no dice en lo que dice. Porque lo que se plantea en el discurso del paciente, tanto verbal como extra verbal, es un semidecir, un montaje significante que hay que descifrar.

6.4.   La transferencia como transmisión del deseo

Lacan recuerda que la palabra transferencia aparece por primera vez en la obra freudiana en *La interpretación de los sueños*. "Freud nos muestra cómo la palabra, a saber la transmisión del deseo, puede hacerse reconocer a través de cualquier cosa, con tal de que esa cualquier cosa esté organizada como sistema simbólico" (*Seminario 1*, 354), afirma. El deseo no es articulable; solo puede articularse en los intersticios de lo discursivo, participa en cierto sentido de lo inefable. Por esta razón se cuela en el discurso del sujeto, pero siempre deja un resto.

Para ilustrar la relación del deseo con el significante que se plantea en el discurso del sujeto, Lacan toma un ejemplo:

> Alguna otra vez les hablaré de la Guía de los Extraviados,
> de Maimónides, que es una obra esotérica. Verán como él
> organiza deliberadamente su discurso de tal modo que lo
> que él quiere decir que no es decible —es él quien habla
> así— no obstante puede revelarse. Dice lo que no puede, o
> lo que no debe ser dicho, introduciendo cierto desorden,
> ciertas rupturas, ciertas discordancias intencionales.
> (*Seminario 1*, 354).

Sería lo mismo que realiza el sujeto con sus lapsus, sus actos fallidos y sus sueños o repeticiones, que, sin proponérselo, introducen un desorden difícil de leer, único modo de decir lo indecible.

En los sueños, como veíamos en nuestro capítulo III, "La otra escena del sueño", los restos diurnos son representaciones indiferentes, un material insignificante al que se le transfiere carga pulsional, y así aparecen en la escena onírica cargados de sensorialidad. Tienen una función parecida a la de ciertos jeroglíficos, que no tienen sentido propio y lo cobran tomados dentro de una nueva organización significante. En este caso, dirá Freud, es el analista el que ocupa el lugar de los restos diurnos, o sea, ese significante vacío dispuesto a recibir lo que se transfiere; por lo tanto, no tiene nada que ver con proyecciones imaginarias.

Lacan hace al respecto una observación de suma importancia: afirma que la presencia del analista será el punto al que se dirijan todas las asociaciones, el núcleo organizador de lo que allí acontece:

> Ciertamente, hay en lo que se produce en el análisis, comparado con lo que se produce en el sueño, una dimensión suplementaria esencial: el otro está ahí. Pero observen también cómo los sueños se hacen más claros, más analizables a medida que avanza el análisis. Esto sucede porque el sueño dedica su habla cada vez más al analista. Los mejores sueños que Freud nos presenta, los más ricos, los más bellos, los más complicados, son los que se producen en el transcurso de un análisis y que tienden a dirigirse al analista. (*Seminario 1*, 355)

El analista es también el centro al que se dirige todo aquello que se repite en la sesión, como ciertos rituales, formas de saludo y todo lo que tenga que ver con lo paradiscursivo que, por supuesto, ingresa también en el plano significante como un material que va dedicado al analista.

> Esto también debe aclarar la significación propia del término *acting-out*. Si, hace un momento, hablé de automatismo de repetición, si hablé de él esencialmente a propósito del lenguaje, es porque toda acción en la sesión, *acting-out o acting-in*, está incluida en un contexto de palabra. Se califica como *acting-out* cualquier cosa que ocurra en el tratamiento. Y no sin razón. Si muchos sujetos se precipitan durante el análisis a realizar múltiples y variadas acciones eróticas, como, por ejemplo, casarse, evidentemente es por *acting-out*. Si actúan, lo hacen

dirigiéndose a su analista". (*Seminario 1,* 355)

Con esta cita nos queda más precisado aún que el tema de la escena en transferencia no se plantea como una cuestión imaginaria sino, y fundamentalmente, simbólica. Pero surgen algunos interrogantes: ¿cómo dirigir la cura con aquellos pacientes que necesitan realizar en la sesión montajes escénicos, en los cuales no puede soslayarse el despliegue imaginario? ¿Cómo trabaja el analista con la consistencia imaginaria de lo que allí sucede?

Por otro lado, queremos destacar que en el *Seminario 1* Lacan ya despliega el tema del *acting-out* e introduce algo inédito, que es el *acting in,* término que no vuelve a utilizar en toda su obra pero que es importante diferenciar, porque pareciera que denomina *acting-in* a lo que acontece en la sesión como producto del automatismo de repetición, a diferencia del *acting-out* que reviste un carácter más compulsivo y desborda el ámbito del consultorio. De cualquier manera, en ambos casos, su recomendación, en consonancia con lo que plantea Freud en los textos referidos a la transferencia, es que para hacer un análisis del *acting* es necesario precisar lo que está pasando con la transferencia donde éste se enmarca, para encontrar "en un acto su sentido de palabra. Ya que se trata para el sujeto de hacerse reconocer, un acto es una palabra" (Seminario 1 354).

En el capítulo XI retomaremos el tema del *acting-out,* tal como lo trabaja Lacan, fundamentalmente en los *Seminarios 6 y 10,* para indagar el problema de los accidentes de la escena.

6.5.   Consideraciones finales

Comenzamos este capítulo buscando la raigambre del concepto de escena en Lacan desde el inicio de su obra, señalando las relaciones y similitudes con el mismo concepto en Freud. La escena se presenta como una construcción ficcional que guarda el propósito de velar lo real. Tiene distintas presentaciones, como las escenas oníricas o las que son producto de las fantasías inconscientes y, también, como un montaje de la repetición en la transferencia.

Lacan destaca el carácter simbólico de lo escénico en la transferencia porque, más allá de que su presentación pueda tener despliegues imaginarios, siempre supone desplazamientos y esto la ubica como una operación capturada en lo simbólico, razón por la cual los otros órdenes se subordinan. Dicha transferencia de cargas estará organizada alrededor de la presencia del analista, en la medida que la transferencia esté instalada. Aún los casos de *acting-out o acting-in* son ubicados como actos discursivos dedicados al analista, a los que hay que leer desde una estructura significante.

Nos resta investigar, en los sucesivos Seminarios, los desajustes que pueden afectar esta escena transferencial según el predominio de los registros imaginarios y real en dicho montaje. Podríamos pensar que, análogamente a lo que sucede en la escena onírica, cuando el registro real amenaza con romper la escena, el recurso a lo imaginario sutura, no sin mostrar su inflación en la sobreactuación y la mascarada. Una escena se monta sobre la escena, lo que nos lleva a pensar lo imaginario como un recurso subjetivo. Desmontarlo, implica indagar previamente qué del sujeto se sostiene en esa sobreactuación.

CAPITULO 7

La escena y el deseo

7. 1. Introducción

En el *Seminario 6, El deseo y su interpretación,* Lacan trabaja fundamentalmente la relación que se establece entre el sujeto, prisionero del significante, y el deseo. Planteada esta relación, llegamos al sueño como paradigma de las coartadas del deseo, en tanto muestra en el mismo gesto que oculta y dice en lo no dicho. El sueño trama una ficción para realizar un deseo y, a pesar de que esta ficción es su única manera de hacerse presente, también funciona como velo tras el cual el deseo se oculta.

El deseo precisa armar una escena desde la cual realizarse, pero ¿hasta dónde ésta sirve para sostener al sujeto del deseo y cuándo es una defensa tras la cual queda inmovilizado? Esta pregunta abre una línea de trabajo en la que será necesario recorrer, junto a Lacan, la relación que se establece entre la escena y el deseo. Veremos que la escena juega el papel de velar el deseo; más precisamente, vela el saber del sujeto sobre su deseo. Paradójicamente esta veladura es la que permite que el deseo se haga presente, lo que puede palparse claramente a lo largo de toda la *Psicopatología de la vida cotidiana*: lapsus o actos fallidos en los que el sujeto, a pesar de no saberlo, o quizás a condición de no saberlo, pone en juego su deseo.

En este *Seminario 6* Lacan plantea una tríada:

1.   El sueño de un paciente de Freud en el que su padre no sabía que estaba muerto.

2.   Ocupando un lugar intermedio, el paciente de Ella Sharpe, de cuyo padre solo quería saber que estaba muerto.

3.   Hamlet paralizado por el saber de un padre que no termina de morir.

Tenemos en estos tres ejemplos una escena que se arma en relación con el deseo. Pero en los dos últimos casos, el paciente de Sharpe y Hamlet, se agrega la dificultad del sujeto de actuar en consonancia con su deseo. Es nuestro interés trabajar allí la relación entre la escena y esta dificultad del sujeto para actuar.

7.2.   La escena del sueño como paradigma: lo que vela y revela

Para indagar esto, dijimos, Lacan apela en primer lugar a un sueño modelo de la obra de Freud: aquel del hombre que habiendo cuidado a su padre en el lecho de enfermo, y conmovido por tanto sufrimiento, desea su muerte. Una vez que su padre muere, sueña en muchas oportunidades con él padre; en una de ellas sueña que éste, estando muerto, no lo sabía.

Freud dirá que este sueño revela un deseo edípico de muerte del padre, disfrazado en la piedad del hijo. Este sueño le sirve a Lacan para dar otra vuelta de tuerca, y mostrar que en la medida en que el sujeto se da cuenta de que el Otro no detenta el saber y, por ende, no lee sus pensamientos, la represión secundaria se establece. El sistema inconsciente puede trabajar produciendo formaciones que dan lugar al deseo, enmascarándolo.

En este sentido, Lacan toma un famoso sueño de Ana Freud para mostrar cómo se va estructurando este no saber en la subjetividad. La niña tiene 19 meses y, tras una indigestión, está a dieta. Mientras duerme dice: "Anna Freud, fresas, frambuesas, bollos, papillas". Nombra todo aquello que se le había prohibido comer el día anterior, demanda enérgicamente al otro lo que le fue negado, y en esta serie metonímica se trasluce su deseo. Freud afirma que la diferencia entre el sueño del niño y el del adulto es que, en el primero, el deseo se muestra más claro, aparece develado. El niño plantea una relación con el deseo en la que el encargado de la prohibición es el adulto, la verdad del deseo siempre desafía al adulto. Lo dicho en el sueño está dicho y punto. Ana quiere las cosas prohibidas, pero el adulto dice no; el deseo es transparente. Por el contrario, en el sueño del adulto actúa la censura y ya no aparece un "No digas esto", "No comas esto", sino un "No fui yo quien lo dijo". No solo se censura lo que se dice sino que el sujeto no puede reconocerse como sujeto de ese deseo. Por lo tanto, la represión conlleva el no saber acerca de lo que se reprime. La negación es la que instituye el inconsciente reprimido, "él no lo sabe". Y junto a esto el sujeto se borra. Es así como lo que tiene que ser dicho se dice, pero hay una cláusula que se elide, y el resultado es "yo no digo que". Esta cláusula sustraída es la que permite que se rompan los hilos lógicos y, por lo tanto, el resultado es que no diciendo se diga o que, diciendo, el sujeto quede fuera de lo que se dice. Lo que Freud restituye cuando analiza un sueño es la cláusula elidida que repone al sujeto de la enunciación, y lo censurado es justamente lo que se quiere decir. Esto revela una característica propia del significante, a saber, una negación que hace que no diciendo se diga.

El sujeto del deseo se constituye no sabiendo; se constituye en la dialéctica de existir entretejido en el significante. Por eso, Lacan toma el sueño del padre muerto como paradigma de la constitución del sujeto, y da otra vuelta: afirma que lo que devela la muerte de un padre es su castración, su falta, en última instancia, la orfandad del sujeto frente a la inconsistencia del padre. En este caso, el soñante se hace cargo del dolor, pero elide la castración: el padre no sabe que está muerto y por lo tanto él tampoco.

> Entre lo que es efectivamente vivido en el sueño por el sujeto y la imagen con la que se confronta se establece una distribución que nos muestra la esencia de la escena: el sujeto se hace cargo del dolor del otro y rechaza sobre el otro lo que no sabe, su propia ignorancia, la que el deseo del sueño desea sostener. (Glasman 23)

Hasta aquí trabajamos la relación de la otra escena, la del inconsciente, y el "no saber" como su condición. La escena vela, en tanto hace un montaje, tras del cual el sujeto se oculta y revela en la medida de que muestra.

7.3.   Dos escenas se entrecruzan

Llegamos al segundo ejemplo, el sueño del paciente de Ella Sharpe, analista inglesa de la escuela kleiniana. Esta viñeta tiene la riqueza de poner en relación las dos escenas que nos proponemos indagar: la del sueño y la que se plantea en la sesión, que es distinta en ambos casos:

En el sueño, en tanto vía regia del inconsciente, revela su condición de enigma que interroga al sujeto. Se pone en juego el deseo en tanto indecible, tal como el ejemplo de la "Guía de Maimónides", que da a ver su ruptura por medio de imágenes discordantes que se fracturan y se deforman. Descubre su carácter de artilugio, rompe la ilusión y el enigma se hace presente: algo interroga al soñante.

En la sesión, por el contrario, el sujeto pone en juego su fantasía y despliega el montaje escénico con un armado significante e imaginario que responde a esta fantasmática. La veta imaginaria bajo la que se despliega esa fantasía, con la ilusión concomitante, dificulta que la grieta de la división subjetiva salga a luz. En este caso, particularmente; la escena se sintomatiza y el paciente mismo se extraña de su proceder, es decir, otorga a su escenificación un carácter de mensaje y se interroga; es él quien pone su división sobre el diván. Esto es posible porque, indudablemente, está instalada la transferencia y, por lo tanto, la posibilidad de abrir preguntas subjetivas.

Otro elemento por señalar es que ambas formaciones, escena onírica y transferencial, tienen una fantasía como almácigo; sin embargo, las condiciones estructurales del armado de la escena son distintas.

A lo largo de un proceso de análisis la transferencia pasa por diferentes momentos y atraviesa distintos avatares, que son la guía o el marco para leer el material que el analizante transfiere. Como señalamos en el capítulo anterior, Lacan pone el acento en los aspectos simbólicos de la transferencia, la analiza como material significante que se despliega alrededor de un núcleo organizador, que es el analista, y esto permite realizar una lectura estructural. De lo contrario, el analista corre el riesgo de perderse en los espejismos imaginarios de las fantasías que el analizante despliega, porque ellas se multiplican como en un caleidoscopio y pueden producir el extravío si no se detiene el juego de espejos. Lacan afirma que es lo que le ocurre a Ella Sharpe, quien, a pesar de su excelente escucha clínica, por momentos se pierde en el despliegue de fantasías imaginarias. Su extravío se produce por la falta de una estructura que le permita interpretar lo imaginario desde alguna lógica.

7.4.   El paciente en el texto de Ella Sharpe

Vamos a realizar una primera presentación del caso, tal como lo organiza Ella Sharpe en el capítulo titulado "Análisis de un único sueño" de su libro *Manual práctico para psicoanalistas.*. Comienza realizando una síntesis de los aspectos destacables del paciente al momento de producir el sueño: había perdido al padre a los tres años y solo podía pensar al padre como muerto. Llamativamente, se sorprendía cuando pensaba que alguna vez había estado vivo y hasta había hablado. En cuanto a la transferencia, el sujeto otorga a la analista el mismo lugar de muerta que al padre; no tiene pensamientos ni sentimientos referidos a ella. La fantasía de haber matado al padre ubica a este paciente en una posición omnipotente que es necesario hacer consciente. En él, apunta Sharpe, libido y muerte están íntimamente ligadas, razón por la cual aparece el miedo a triunfar. Esto despierta serios conflictos para trabajar en su profesión de abogado y en todo lo que implica actuar en función de su deseo. Por otro lado, también se manifiesta como un conflicto con su yo corporal, que se encuentra siempre amenazado.

Sharpe realiza una minuciosa descripción de la conducta extra-verbal del paciente en sesión: siempre movimientos precisos, jamás un exceso, un apuro, ni signos de haber vivido un contratiempo camino al consultorio. Siempre una amable sonrisa que no se muestra forzada ni encubre impulsos hostiles. En él, destaca la analista, nada está librado al azar. Toma su posición en el diván y no se mueve en toda la hora. Habla con voz clara, sin inflexiones, y no muestra sentimientos.

Jamás lo ha escuchado subir las escaleras que conducen a su gabinete. Sin embargo, un día algo ha conmovido esto y, desde algunas sesiones atrás, una tos leve anuncia su llegada. Ella apunta que decidió no hacer alusión alguna a la tos hasta que el sujeto pueda ponerla en palabras. Dado que su lenguaje corporal era tan escueto, no pensaba inhibirlo por una intervención anticipada. Para sorpresa de la analista, el sujeto abre la sesión diciendo:

He estado considerando mi tosecilla de antes de entrar al consultorio. Estos últimos días he estado tosiendo y me di cuenta de ello, no sé si usted se dio cuenta. Hoy, cuando la mucama me anunció que podía subir, decidí no toser. Sin embargo, y con gran disgusto, me di cuenta de que no podía evitarlo. Es muy desagradable hacer algo así, resulta muy molesto que dentro de uno pase algo que uno no puede controlar o que no controla. Cabría pensar que ello cumple alguna finalidad, pero me resulta difícil encontrar alguna finalidad posible a la que pudiera servir una tosecilla como esta.

(Analista) ¿Y qué finalidad podría cumplir?

(Paciente) Bueno, es el tipo de cosa que uno haría si se dispusiera a entrar a una habitación donde hay dos amantes. Si uno estuviera por entrar a un lugar así, podría toser discretamente para hacerles saber que alguien los va a molestar. Yo mismo lo he hecho, por ejemplo, cuando tenía quince años y mi hermano estaba con su novia en la sala; yo tosía antes de entrar para que, si estaban abrazados, se separaran antes de mi llegada. Entonces no se sentirían tan incómodos como si los hubiera pescado abrazados.

(Analista) ¿Y por qué tose antes de entrar aquí?

(Paciente) Es absurdo, porque desde luego no me harían subir si hubiera alguien aquí, y yo no pienso en usted de esa manera. No veo que haya ninguna necesidad de toser. Sin embargo, me recuerda una fantasía que tuve de encontrarme en una habitación donde no debía estar y, temiendo que alguien pensara que estaba allí, decidí impedir que entraran y me encontraran, para lo cual ladraría como un perro. Eso ocultaría mi presencia. Entonces la persona diría: "Oh, no es nada más que un perro".

(Analista) ¿Un perro?

(Paciente) Eso me recuerda a un perro que se restregaba contra mi pierna, en realidad se masturbaba. Me da vergüenza contárselo, porque no hice nada para impedirlo. Lo deje seguir y alguien podría haber entrado. (En ese momento el paciente tosió). No sé porqué me acuerdo

ahora del sueño que tuve anoche. Un sueño tremendo.
(Sharpe 93)

Para trabajar este material, vamos a diferenciar tres momentos:

A - La tos como mensaje: un síntoma en transferencia.
B- Despliegue de fantasías transferenciales que la tos denuncia.
C- El sueño como parte del mensaje.

7.5.   Algunas consideraciones generales

Antes de plantear el caso, y para poder trabajar estas fantasías, tenemos que ubicarnos en la teorización de Lacan al momento de analizarlo, fundamentalmente en lo relativo al objeto de deseo y a su relación con el significante. El objeto de deseo tiene hasta este momento un estatuto imaginario.

El deseo nace por el vacío que genera el objeto perdido, aquel objeto mítico de la primera satisfacción. Cuando el sujeto, falto del objeto adecuado que cubra su necesidad, recibe como respuesta del Otro primordial una pregunta, palabras, o, en definitiva, ficciones, queda encarcelado en las redes del significante, único recurso para encontrarse con algo de su deseo y solo puede presentarse bajo los ropajes del significante; por lo tanto no tiene otra forma de aprehensión de su deseo que los juegos de ficción, de coartada, que el significante plantea.

Cuando el objeto aparece, el sujeto necesariamente se elide; la sujeción al significante le dificulta mantenerse en presencia del objeto porque este amenaza su única manera de existir, su existencia lenguajera. Precisamente, Lacan plantea que la única manera en que el sujeto aparece es bajo la forma de la negación, no hay otro signo del sujeto que su abolición.

A - La tos como mensaje: un síntoma en transferencia

Llama profundamente la atención, en el texto de Sharpe, el cuidado que ella pone en el comportamiento extraverbal del paciente;

incluso lo compara con los de otros analizantes, denotando una perspicaz lectura del proceder hasta en los mínimos detalles. Este aspecto es destacado por Lacan, porque muestra una alerta necesaria de la analista en relación con todo este material extraverbal que, como venimos analizando, se organiza en función de un sistema significante construido alrededor de la transferencia al analista.

Insistimos: el despliegue significante —gestos, conductas, inflexiones de voz, y, en algunas oportunidades, verdaderos montajes escénicos— indudablemente se dirige al analista; por lo general, el paciente no lo advierte a menos que el trabajo analítico ya esté en marcha y pueda preguntarse, sintomatizar, lo que acontece en la sesión. Es el caso que estamos relatando.

La pregunta que el paciente realiza nos permite diferenciar claramente los dos pisos del grafo, tal como Lacan lo conceptualiza en este seminario y en *La subversión del sujeto*. Por un lado, tenemos la tos, que se presenta como un enunciado en el piso inferior; por otro, el sujeto también dirige una pregunta al $\bar{A}$ (Otro barrado) sobre su enunciado, y esto nos ubica ya en el segundo piso del grafo, con un sujeto en relación con el Otro barrado dirigiendo su mensaje. Justamente porque no sabe es que puede preguntarse.

En este caso, él mismo enuncia su tos como un mensaje y, cuando lo advierte, se pregunta por el propósito de este mensaje. Este interrogante está dirigido al sujeto del inconsciente ¿Qué de él habla en esa tos? Está poniendo su tos en un lugar de síntoma, está al nivel del discurso del Otro, concierne al Otro que está en él y que habla a través de él. Ese interrogante se ubica en el grafo en el lugar del significante del Otro, en tanto que él mismo está atravesado por ese significante. De todas maneras, Lacan puntúa que, a pesar de la pregunta planteada, está todavía lejos de reconocer la castración del Otro, la falta del Otro. Esta tos sintomatizada es un punto de partida, de apertura de un proceso analítico y dispara una serie de cadenas asociativas en las que el paciente despliega sus fantasías. Estas lo ubican en una escena que revela identificaciones imaginarias que se desdoblan y se multiplican, amenazando con extraviar la línea interpretativa.

No podemos dejar de considerar que el Grafo del Deseo tiene como objetivo revelar la relación que guarda el sujeto con el significante. Sabemos que Freud ubica al sujeto como acéfalo frente a su saber, el sujeto freudiano no sabe lo que dice, ni lo que hace, y esto lo sitúa de una manera particular frente a sus actos, como fallidos. Lacan pone al sujeto del inconsciente freudiano en el segundo piso del grafo, donde también se reconsidera la relación del sujeto con la acción. Este segundo piso, justamente, da cuenta de esa parte de sí mismo de la que el sujeto nada sabe, pero por la que gracias al análisis puede preguntarse y poner en juego.

B - Despliegue de fantasías transferenciales que la tos denuncia:

Una escena para despistar

1- La primera asociación del paciente es que con su tos intenta hacer una advertencia. ¿A quién? A dos amantes que podrían ser pescados *in fraganti*. La idea central que esta fantasía despliega es la existencia de tres personajes, dos están juntos y el tercero, afuera. Cuando el tercero entra, los otros dos se separan. Por lo tanto, mientras el Otro no está y, por ende, no sabe -mientras el padre está bien muerto-, él puede desplegar sus fantasías especulares. Surge, entonces, la siguiente pregunta: ¿en qué situación espera encontrar a su analista para juzgar necesario advertirle su llegada? Él tose para advertir a su analista acerca de sus fantasías; fantasea que algo sucede en ese consultorio. Algo prohibido a la vista del Otro es lo que hace su analista en la fantasía. El se lo advierte con la tos antes de entrar. En este caso, la analista está puesta en el lugar de otro especular.

2- En la segunda asociación aparece la fantasía de infancia de estar ladrando como un perro, para despistar. Se hace pasar por otro, pero no por cualquier otro: por medio de un ladrido se hace perro. Una vez adentro del consultorio es otro dispuesto a jugar su escena fanteada. El contenido del fantasma es mostrar que él no está allí donde está.

3- Pero en la siguiente asociación, ese otro, el perro, se masturba.

La escena aquí se descubre de golpe, es desplegada por el paciente. Lo que pasa es que el perro, en tanto que es él mismo, no está allí. Ese perro, ya no más fantasmático sino pura realidad, es otro esta vez; no totalmente significante sino una imagen, un compañero en esa pieza y un compañero aún más evidentemente próximo a él, asimilado a él, que contra la pierna del paciente viene a masturbarse.

Lo que tenemos que destacar aquí es que la escena que el paciente plantea en la sesión cobra una consistencia tal que presenta ese perro que no es él pero que hace lo que a él le gustaría, y muestra su potencia fálica masturbándose. (Lacan, *Seminario 6* 21/01/59)

Muestra lo que el sujeto no se animaría jamás a poner en juego y tiñe el discurso de omnipotencia: su sueño es enorme, las mujeres se le regalan, etc. Ella Sharpe interpreta esos elementos (o esos aspectos) como omnipotencia del paciente, cuando, justamente, lo que denuncian es su impotencia. La escena de su fantasía muestra omnipotencia, el perro que se masturba, justamente para velar la impotencia en la que este sujeto se suma.

Una escena que inmoviliza

Esta identificación imaginaria con el perro de su fantasía no logra mover al sujeto de su posición y encausarlo en relación con su deseo. Por el contrario, producto de esta identificación imaginaria se inmoviliza en la sesión para que nada salga de su control. Este juego completa la escena y la provee de una consistencia que, como dijimos, no hace lugar a la falta y, por lo tanto, tampoco promueve el movimiento del deseo. Lo deja mirando fascinado la potencia de ese doble imaginario que hacer lo que él no se anima, identificación imaginaria que lo enajena.

Una escena que hay que desmontar

El montaje que el sujeto realiza en la sesión en relación con su fantasía nos muestra la importancia que tiene para la dirección de la cura, su lectura y su interpretación. Y no nos referimos solo a la interpretación verbal, sino a una intervención analítica que rompa la consistencia imaginaria de la escena. Dicho de otro modo, se hace necesario desmontarlas porque, al hacerlo, algo del sujeto del inconsciente se pone en juego. En el caso de Sharpe, en esa escena transferencial el paciente queda ubicado en el lugar de la impotencia, porque en el montaje especular el yo ideal, con el que se identifica, obtura la falta y, por lo tanto, al sujeto del inconsciente.

La pregunta que surge es: ¿qué del sujeto se sostiene en esa escena? Porque para desmontar algo, es necesario descubrir su función en la estructura subjetiva. Mientras el sujeto no entra al consultorio de su analista, la puede imaginar masturbándose, y tose para que retome la compostura. La tos es correlativa de la fantasía. El contenido de la fantasía es: "si no está contenta con lo que digo que se masturbe", y, así él puede seguir ladrando como un perro.

En el instante en que tose advirtiendo su llegada, el sujeto del inconsciente se hace presente; el síntoma toma la escena como una pregunta y cifra un enigmático mensaje a la analista, denunciando este juego transferencial. Sintetizando: en la escena que plantea en la sesión, él es otro, y la tos, como síntoma transferencial, hace presente al sujeto del inconsciente, que lo advierte. La escena, además, se encubre bajo la extrema corrección de su proceder y el absoluto control de lo que dice y lo que hace, para que nada de todas estas cuestiones vergonzantes puedan ser reconocidas, por él, ni por su analista. Este sujeto produce "una esterilización del texto de la sesión" (*Seminario 6* 28/01/59), dice Lacan, como si hubiera algo a lo que él le teme mucho, algo que haría desear al analista y que haría sentir la sesión como menos muerta, pero él hace esto para "esterilizar el deseo del Otro" (*Seminario 6* 28/01/59) y si no está contenta, que se masturbe, él no se hace cargo.

> Allí está el punto, nivel donde el golpe va a surgir a la
> memoria como el sueño. Y bien, el sueño, lo retomaremos
> la próxima vez, para que nos percatemos de que el interés
> del sueño y del fantasma que va a mostrarnos es,

precisamente, de ser todo lo contrario de ese fantasma forjado en estado de vigilia, del que hemos cernido los lineamientos hoy. (*Seminario 6* 21/01/ 59)

C - El sueño como parte del mensaje

Luego de una nueva tos, que puntúa, el sujeto anuncia el sueño y lo relata.

Texto del sueño:

"No sé por qué me acuerdo ahora del sueño que tuve anoche. Un sueño tremendo. Seguía y seguía interminablemente. Me llevaría todo lo que falta de la sesión contárselo. Pero no se preocupe; no la aburriré con todo el sueño por la sencilla razón de que no lo recuerdo. Fue un sueño excitante, lleno de incidentes y de interés. Me desperté acalorado y cubierto de transpiración. Debe ser el sueño más largo que tuve en mi vida. Soñé que hacía un viaje con mi esposa alrededor del mundo, y llegábamos a Checoslovaquia, donde sucedían toda clase de cosas. Encontré una mujer en un camino, un camino que ahora me hace pensar en el que le describí en los dos sueños recientes en los cuales me dedicaba a juegos sexuales con una mujer en presencia de otra. Lo mismo ocurría en este sueño. Esta vez mi esposa se encontraba allí mientras tenía lugar el juego sexual. La mujer que encontré tenía un aspecto apasionado, y me hace acordar a una mujer que vi ayer en un restaurante. Era morena y tenía labios muy llenos y muy rojos, y una mirada apasionada, y era evidente que si la hubiera alentado me habría respondido. Supongo que ella estimuló mi sueño. En el sueño, la mujer quería tener relaciones conmigo y tomó la iniciativa, lo cual, como usted sabe, siempre me ayuda mucho. Si la mujer toma esta actitud, las cosas me resultan mucho más fáciles. En el sueño, la mujer estaba echada sobre mí; recién me acuerdo de eso. Evidentemente, pretendía introducir mi pene en su cuerpo. Yo me daba cuenta por las maniobras que realizaba. Yo no estaba de acuerdo, pero ella se mostró tan desilusionada que pensé que debía masturbarla. Parece erróneo utilizar ese verbo en forma transitiva. Uno puede decir "yo me masturbé" y es correcto, pero es erróneo usar el verbo en forma transitiva".

Aparece rápidamente una rectificación, usa el verbo de manera transitiva, que en inglés es imposible, y se corrige, con lo cual, lo que termina diciendo es "que se las arregle sola si no está satisfecha. (94)

El anhelo del sueño es claro: todo está montado para facilitarle las cosas, él no tiene que hacer nada, ni poner su potencia en juego. Esto se coloca en consonancia con el preámbulo de la sesión: si no está contenta que se masturbe. Lo que no está dicho, pero que se desliza en la rectificación, nos marca la dirección del sujeto de la enunciación. Este anhelo del sueño, el de facilitar, vela la estructura del deseo que lo motiva. De esta manera, la imagen del sueño permite que el sujeto no sepa lo que aparece como deseo en el sueño. La posición que tiene el sujeto en la enunciación, de no poner nada en juego, tiene efectos en el enunciado, o sea, en el texto del sueño. Pero hay algo que se desliza en el corazón del sueño, la imposibilidad del sujeto de responder a los requerimientos de la dama en cuestión. Una falta se hace presente.

Luego de la rectificación comienza a describir la vulva, grande y proyectada hacia adelante, que cuelga como una caperuza. Asocia esto con caverna, y le recuerda una colina que solía visitar en la infancia con su madre, en la que una caverna proyectaba su parte superior hacia adelante; parecía un descomunal labio. En ese momento, asocia con un chiste sobre la escritura china como labios transversales en relación con la vagina. Se detiene en la envoltura de esos labios alrededor de su dedo. Toda esta cadena asociativa lo ubica en una idea de mujer fálica. Estas imágenes cobran una mayor sensorialidad como el momento más amenazador del sueño, podríamos considerarlas la zona más espesa y menos velada del texto, y ubican al sujeto desfalleciente frente a un objeto que se torna amenazante, donde su órgano es infinitamente pequeño para responder a semejante vagina; se muestra necesariamente insuficiente. El se torna pequeño y, por supuesto, no está donde se lo espera, y ofrece el dedo como consuelo. El sueño denuncia la imposibilidad del sujeto de encontrar los ropajes necesarios para responder al deseo del Otro, deseo que se torna sumamente amenazante.

Lo que está fuera de juego y se esconde, es el falo. Es esto lo que el sujeto resguarda todo el tiempo: no hay transitividad, no hay reciprocidad. A diferencia del fantasma de vigilia, donde el perro, ubicado como ideal del yo, se masturbaba en su pierna, y mostraba consistencia y potencia, aquí la masturbación pone de manifiesto que hay algo que no se puede poner en juego.

Pero hay una advertencia interesante: este es un sueño de exhibición que hace serie con otros anteriores que el paciente menciona, en los cuales la escena sexual tiene lugar bajo la mirada de un tercero, en este caso su mujer. Dice Sara Glasman:

> El gran escamoteador —como Lacan lo describe— no está jamás donde se lo espera, y mantiene su potencia fálica fuera de juego: su mujer es el falo y no quiere perderlo, porque es el significante de lo que se ha producido en la relación con la madre. ("La escritura del corte" 27)

La masturbación en el sueño, a diferencia de la de la vigilia, destaca la ausencia del falo, que es lo que el deseo del sueño quiere poner a jugar en la sesión. Porque el sujeto se debate entre ser el falo para el Otro o instalarlo en el Otro, en este caso, la madre. Tenerlo le resulta imposible porque, para ello, hay que renunciar a serlo.

El sujeto considera que el Otro no debe ser castrado dado que él no puede tener el falo para ponerlo en juego y no tiene cómo responder a ese agujero que la falta en el Otro produce. Nada más propio de la neurosis que no querer saber sobre la falta del Otro, y este paciente lo actúa en la transferencia, mientras el sueño lo pone de manifiesto: "que se las arregle sola". Es por esa razón que el sujeto se encuentra en la encrucijada y quiere advertir de esto a su analista.

7.6.   Consideraciones finales

Mientras que la escena transferencial se muestra consistente y sostiene la ilusión de omnipotencia, el sujeto del inconsciente permanece fuera de ella. El paciente controla desde su yo que nada salga de su lugar, o sea, que nada del sujeto haga su aparición, que ninguna falta se produzca. Ladrando como un perro onanista, desaloja el no saber y la castración del núcleo de sus interrogantes. Pero dos formaciones del inconsciente vienen a denunciar la falta: la tos, como pregunta sintomática que logra romper el control, y el sueño, que ubica las cosas en esa misma dirección. En ambas, el no saber convoca al sujeto del inconsciente y permite que la falta se ponga en circulación; será tarea del analista aprovecharlas para la cura.

Volviendo a la escena que plantea en el juego transferencial, identificado con el perro onanista queda investido con tal potencia fálica que parece no interesarle lo que el Otro tenga para decir —si no está contenta que se masturbe—. El sujeto se ausenta y deja en su lugar un perro que ladra. Esta escena es la que hay que desmontar, porque ofrece una consistencia imaginaria que inmoviliza al sujeto del deseo. La escena del sueño, a diferencia de la de la vigilia, es una construcción que posibilita la aparición del deseo, muestra la falta del sujeto.

Consideramos muy interesante el caso porque devela otra faceta del despliegue de la escena en la sesión. Esta escena no es aparatosa, no está sujeta a grandes alardes imaginarios, como esperaríamos en un caso de histeria. Sin embargo, la tramoya se monta igual, en su escasez, y nada escapa al control del sujeto para ocultar, o, para dar a ver otra cosa y, de este modo, "esterilizar" el deseo.

Asimismo, la tos, que podríamos considerar como la acción compulsiva, o inclusive darle carácter de *acting-out*, termina siendo la única acción donde el sujeto del inconsciente denuncia la coartada del yo. Porque en la tos algo del deseo se pone en juego es que la consideramos en su carácter significante, como mensaje y, por lo tanto, como algo opuesto al *acting out*, tema que desarrollaremos en un el capítulo XI. De todas formas, lo analizado en este capítulo, desbarata algunos prejuicios acerca de que toda acción en sesión es imposibilidad de decir y, por lo tanto, solo imaginaria y/o *acting*, y que lo discursivo es del orden de la palabra.

Este caso de Sharpe pone en claro que lo que se plantea en el espacio transferencial de la sesión obliga a una fina lectura estructural, como aconseja Lacan en El grafo del deseo.

El tercer ejemplo mencionado, Hamlet, lo desarrollaremos en el capitulo IX.

CAPÍTULO 8

La escena y la angustia

No hay otra realidad, otro sujeto ni otro objeto que los que resultan del juego de las miradas y los discursos que los ponen en escena.

Enaudeau, C. *La paradoja de la representación* 21.

8. 1. Introducción

Para trabajar algunas cuestiones referidas a la escena en la transferencia, recurriremos en primer término a la disciplina específica de la escena, el teatro. Como ya vimos en nuestra "Introducción", para Roland Barthes el teatro es:

> la práctica que realiza cálculos sobre aquellas partes de las cosas que son objeto de la mirada: Si pongo aquí el espectáculo, el espectador verá esto o lo de más allá; si lo pongo en otro lugar, no lo verá y esta ocultación podría aprovecharse en beneficio de una ilusión: la escena es justamente la línea que corta el haz óptico y al hacerlo traza el límite y la parte frontal de su expansión: de este modo, contra la música (contra el texto), tendría su fundamento la representación. (93)

"El cálculo sobre aquella parte de las cosas que son objeto de la mirada", dice Barthes, esto es, aquello que se dará a ver o se oculta "en beneficio de una ilusión". Llevado al ámbito del análisis, podemos pensar este cálculo tanto desde el lugar del analista como desde el del analizante. Este estima las máscaras bajo las cuales se muestra en sesión, qué da a ver y qué oculta, como el paciente de Ella Sharpe que veíamos en el capítulo anterior, y se producen allí pases mágicos entre el yo y el sujeto, entre saber y no saber, entre mostrar y ocultar tras lo que se ve. El analista, por su parte, también hace la estimación de los velos que un sujeto necesita mantener para sostenerse en la escena y de aquellos que está en condiciones subjetivas de correr, sin riesgo de caer junto con su velo.

Lo que ese cálculo computa son los niveles de angustia que un sujeto puede soportar. Por este motivo nos proponemos estudiar las condiciones de esta "puesta en escena" y su articulación con el plano de la mirada y el de la visión, en relación con la angustia que circula. Para esto, haremos un recorrido por los esquemas ópticos, deteniéndonos en el *Seminario 10*, para finalizar con los desarrollos de Lacan en el *Seminario 11* sobre el tema de la mirada.

Partimos de la premisa de que la inclusión de la mirada, como uno de los objetos *a* y su relación al $-\varphi$, produce un giro fundamental en la obra de Lacan.[8] En este capítulo indagaremos sus efectos en la transferencia, y la dialéctica entre el campo de la visión y la mirada; ello nos permitirá pensar mejor la relación que se establece entre la escena y la angustia, y abordar desde allí los accidentes de la escena.

8. 2.   La angustia en el teatro

Para pensar esta cuestión recurrimos al texto de Gustavo Geirola "Aproximaciones lacanianas a la teatralidad del teatro: desde la fase del espejo al modelo óptico. Notas para interrogar nuestras ideas cotidianas sobre el teatro y el realismo". Este autor tiene la particularidad de abordar temas referidos al teatro desde los desarrollos teóricos de Lacan.

Señala Geirola que antes de que se inicie la función se percibe una tensión nerviosa que invade la sala, todos miran y esperan ansiosos que se corra el telón, los cuerpos no encuentran paz en las butacas. Y detrás del

---

[8] El Objeto *a* es un concepto acuñado por Lacan para dar cuenta del objeto causa del deseo, del objeto en su dimensión de objeto perdido, inalcanzable e imposible. A lo largo de la obra de Lacan va tomando otros matices como el de objeto resto, en tanto desecho inasimilable. Por otra parte el $-\varphi$, designa la falta pero en su dimensión imaginaria. Supone la posibilidad del sujeto de hacer una invención, una ficción en el agujero que deja la pérdida del *a*.

telón, entre los actores ocurre otro tanto, al punto de que apelan a ciertos rituales para que la angustia ceda. Basta asistir a una puesta de teatro infantil para ser testigos de la inquietud de la platea. En un momento, las luces bajan lentamente, el telón se abre y la tranquilidad comienza a tomar la sala. Geirola acota que la magia de la escena es lo que trae la calma, y partiendo de este fenómeno de intranquilidad previa, se interroga por la relación que se establece entre la angustia y la escena teatral.

> ¿Qué respuestas históricas ha canalizado esta angustia en el discurso teatral, sea dramatúrgico o arquitectónico?
> Sabemos que en algunos casos, se trata de enmascarar esta angustia y en otros, como en muchas propuestas del siglo XX, especialmente las vanguardias, se ha tratado de exhibirla en su máxima radicalidad. (39)

Esta pregunta se torna pertinente a la hora de indagar una cura analítica. Sabemos que los interrogantes que se plantean en relación con la angustia refieren a dos posturas clínicas: una afirma la necesidad de enmascararla y otra sostiene que se debe convocarla. También nos preguntamos sobre el límite entre una postura y la otra, algo que consideramos fundamental a la hora de pensar la dirección de la cura. ¿Cuándo trabajamos en función de velar y cuándo es tiempo de develar?

Podemos aventurar la siguiente afirmación: la ficción, teatral o de otro tipo, tiene una estrecha relación con la posibilidad de profundizar o disipar la angustia. Aun las obras de vanguardia, que tienen el propósito de provocar angustia, son en sí mismas una pantalla que de alguna manera la contiene.

También los textos de Lacan nos permiten preguntarnos por esta relación en el teatro y, desde ellos, pensar el tema de la escena en la clínica, la que puede potenciar la angustia y expulsar al sujeto, o la del sueño, que es soporte del deseo y protección contra la angustia.

8. 3   La teatralidad

Vamos a tomar el concepto de teatralidad y extrapolarlo a la clínica con el propósito de interrogar qué sucede en el espacio particular de la sesión analítica. Consideramos que la riqueza de este entrecruzamiento ya la habían descubierto tanto Freud como Lacan, quienes hicieron uso reiteradamente de palabras teatrales, o "teatreras", para referirse a lo que acontece en la clínica bajo transferencia. Esto se pone de manifiesto en la recurrencia a material cuya estructura responde al texto teatral. Por ejemplo, Lacan apeló a *El Banquete,* de Platón, para trabajar la transferencia; a *Antígona,* de Sófocles; a *Atalía,* de Racine, a *El balcón y Las criadas*, de Genet; a *Hamlet* de Shakespeare, etc. Freud, por su parte, también apeló a *Hamlet* y, por supuesto, a *Edipo Rey,* de Sófocles, entre otros.

Nos interesa destacar la particular concepción de la teatralidad de Geirola:

> El de la teatralidad es un campo mucho más
> amplio, un campo de relaciones intersubjetivas mediado
> por la mirada. La vida está teatralizada. La sociedad impone
> a cada uno una serie de roles y todos se van más o menos
> asumiendo según los mandatos. Y en estos campos entra
> en juego siempre el poder. Por eso, lo de las políticas de la
> mirada. En el caso del teatro, que es lo que estoy
> trabajando, podemos decir, con Roland Barthes, que la
> teatralidad es el teatro menos el texto, es decir todo lo otro
> que se pone en juego en la escena. Lograr formalizar ese
> "todo lo otro" es lo que me propuse. (32)

Con este concepto de teatralidad reafirmamos la necesaria relación que se establece entre el campo de la escena y el de la mirada. Si la vida está teatralizada, o sea, mediatizada por la mirada, ¿cómo pensar desde este marco la escena que se monta en la sesión? ¿Cuál es su relación con la angustia? Tal como plantea este autor, detenernos en "todo lo otro" más allá de la palabra, implica explorar un campo significante muy rico que pareciera no poder ser nombrado en los textos teóricos y clínicos del psicoanálisis por considerarlo lo imaginario que hay que minimizar.

Para trabajar la teatralidad del teatro partimos remitiéndonos a la del rito, que mantiene la configuración de un espacio circular en el que las miradas convergen en un punto central. Geirola nos recuerda el juglar en la plaza, que gira para convocar las miradas de todos los espectadores. Pero este esquema deja al descubierto, desprotegida, la espalda del actor. Para "cuidar su espalda", ese círculo se va partiendo en dos, y la resultante es que el público queda de frente y el actor deja para sí un espacio de reserva, protege su retaguardia. Con el tiempo, los diseños arquitectónicos de Occidente hicieron de este "detrás del escenario" un espacio cada vez más grande, donde la maquinaria de la tecnología trabaja para la construcción de la ilusión.

Sabemos que en los inicios de la clínica analítica también Freud va probando dispositivos espaciales dentro del gabinete y que estos, al modo del rito, iban pautando el cruce de las miradas, desde el protagonismo del médico sugestionando con sus ojos hasta el actual, con el artificio del diván, y el paciente, de espaldas al analista. Sin embargo, sabemos que muchos sujetos no soportan el diván y necesitan el campo visual del analista para sostener su escena. Estas dificultades despiertan numerosas cuestiones que trataremos de recorrer.

Pero retornemos al teatro. La tradición de su estética afirma que el escenario se abre como un espejo en el que se refleja la sociedad, lo que nos lleva a deducir que la escena es en sí misma un montaje que debería tener un referente en la realidad. Si pesamos con Geirola estos espacios desde los esquemas ópticos de Lacan, surge un abanico de interrogantes que pueden abonar nuestra búsqueda.

Necesitamos arrojo para poner en cuestión algunos axiomas que limitan nuestra capacidad de cuestionar e interrogar la práctica psicoanalítica.

8. 4.   En un principio fue el espejo

En sus primeros trabajos, Lacan recurre a la óptica para dar cuenta del campo de la visión y la imagen. En "El estadio del espejo" (1949), usando una maqueta de espejos explica la asunción de la imagen especular del niño, imagen que será la responsable de la ilusión del yo como unidad y producirá la primera división entre el yo y el sujeto. Entre los 6 y los 18 meses de edad, explica Lacan, se produce una anticipación del manejo del cuerpo, todavía inmaduro neurológicamente, mediante una identificación con la imagen especular. Esa imagen asumida jubilosamente será la matriz identificatoria sobre la que se edificará el yo. Pero, lamentablemente, este yo está sujeto a desarreglos, por lo tanto, el júbilo será fluctuante.

Lacan destaca que toda la fantasmagoría del sujeto sobre posibles fragmentaciones del cuerpo, sensaciones imaginarias de ruptura o pérdida del dominio, es un efecto posterior a la unificación, porque antes de esta asunción jubilosa del espejo no existe registro de fragmentación. En otras palabras: solo después de la unidad la amenaza de fragmentación es posible. Este señalamiento tiene serias implicancias en la cuestión de la angustia porque, para que la imagen se asuma, algo se tiene que perder, y la fantasía de despedazamiento tiene que ver con la restitución de lo perdido, lo que genera angustia.

Lacan afirma que el niño, en el momento en que está frente al espejo sostenido por el adulto, sonríe y gira su mirada al encuentro de la mirada de aquel que lo sostiene para que este testifique y selle la operación de identificación que allí se produce. Ese adulto ocupa el lugar de Otro como garante, desde el plano simbólico, de la identificación imaginaria. El producto de esta operación es la constitución del yo especular, operación imperfecta y sujeta a múltiples desarreglos imaginarios, como ya señalamos, pero que se instituye como el límite del mundo visible; todo se mide en relación con ella. Así, cualquier desarreglo en ella afecta la estructuración del campo de la visión. Aquí cabe la pregunta sobre las implicancias de la mirada en estos desarreglos.

8. 5.   El teatro de los espejos

En su texto "Personajes psicopáticos de teatro" (1909), Freud trabaja la identificación que se produce entre el espectador y el personaje o entre el espectador y el actor, identificación a la que le da un carácter altamente placentero: el placer de "jugar a ser otro" sin los riesgos de encarnar al otro. De esta manera, afirma, el espectador amplía sus posibilidades de vivir otras vidas menos limitadas que la propia. El teatro, mediante el juego identificatorio y la magia de la ilusión -tema que trabaja exhaustivamente Octave Mannoni en el libro *La otra escena, claves de lo imaginario*, saca al espectador del aburrimiento de su pobre vida.

Sin embargo, encontramos en la historia del teatro planteos ideológicos como los de Bertolt Brecht, quien cuestiona el teatro burgués y sus efectos en el espectador, y lo considera una maquinaria para reproducir las ideologías dominantes. Lo maravilloso de su planteo es que no cuestiona simplemente los textos, sino, y fundamentalmente, la maquinaria de la ilusión que promueve la identificación. Estos planteos se traducen, esencialmente, en un cambio en las estéticas teatrales. Brecht pretende capturar la atención del espectador por medio del despliegue de un preciosismo estético y virtuoso, tanto del actor como del escenario. Plantea un cambio en el montaje de la escena, y no solamente en su contenido. Sostiene, entre otras cosas, que el teatro debe mostrar sus medios de producción: es necesario que se vean los mecanismos por medio de los cuales se produce la ilusión como un camino a que los pueblos puedan pensar esos mismos mecanismos usados por los discursos del poder. Fundamentalmente, recurre a un dispositivo: "el distanciamiento". El actor, en el momento de mayor pregnancia identificadora, ejecuta una ruptura en la actuación (se incorpora de golpe y habla como actor, no como personaje, saca un cartel o cualquier recurso que corte el clima), para romper la ilusión y la concomitante identificación. El modelo que Brecht propone busca esclarecer la conciencia de los pueblos tomando el teatro como paradigma del sujeto.

El planteo brechtiano tiene implicancias en nuestra práctica analítica, en la que también cabe la pregunta sobre la ubicación de los espejos identificatorios que tanto confundieron a los analistas posfreudianos y que siguen siendo modelo de todas las "terapias" que se ofrecen en la actualidad. Hacer este señalamiento no nos libera de pensar en la cura analítica. ¿Cuándo y donde se ubican los espejos? Y también, ¿cuáles son los tiempos subjetivos para que esos espejos puedan retirarse? ¿Todos, o algunos espejos siempre quedan en pie para sostener al yo? ¿Cuánta angustia soporta cada sujeto?

Este planteo nos remite a nuestra pregunta inicial sobre la

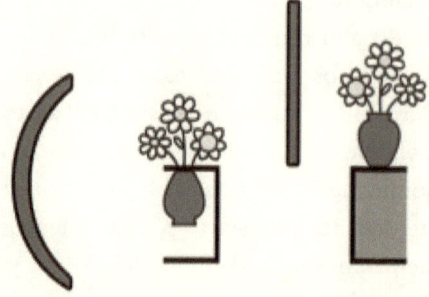

relación entre la escena y la angustia. Para Brecht la escena del teatro burgués calma la angustia porque ofrece un espejo en el que se reproducen los ideales del poder de turno y, en este juego, el espectador reafirma la realidad en la que cree estar viviendo. Nada conmociona su lugar en el mundo. El Otro se ofrece como garante de lo que se produce en la escena y testifica la identificación.

Profundizando estos desarrollos, Lacan, en "El informe de Daniel Lagache" (1960), incluye en su esquema el espejo esférico con el que logra de manera más acabada situar el lugar del Otro en esa función de garante y testigo. El ojo de ese Otro sostén, como lo nombraba en "el estadio del espejo", aparece localizado en los bordes del espejo esférico y desde allí da significación a la imagen que el espejo plano reproduce.

No logra percibir la imagen real, o sea, la que está en el espejo cóncavo, sino la virtual, que se forma en el espejo plano. Es este el espejo que contiene los significantes del Otro y permite que la imagen allí constituida se signifique para el sujeto. Con esta última metáfora deja claramente trazados los efectos de lo simbólico en lo imaginario.

A partir de esta metáfora, Geirola señala que si bien propuestas como las brechtianas cuestionan los ideales del poder de turno, no dejan de reemplazarlos por otros, en este caso, los del marxismo: es decir, sustituye un espejo con otro. Da con su análisis una nueva vuelta de tuerca en la cual la mirada es la que guía. Desde su arquitectura, con la que Brecht no rompe, el teatro burgués responde a la concepción "tanto pagas tanto ves". Pero respecto de la maquinaria de la ilusión se produce un modelo paradójico, cuanto más pagas menos ilusión recibes, porque desde los lugares privilegiados de las plateas algo de las maquinarias se vislumbra, lo que va en detrimento de la ilusión. La burguesía —precisa Geirola— no necesita ser engañada, solo entretenida. Es el pueblo el destinatario de la ilusión del poder, y el pueblo se ubica en galerías y paraísos en los teatros clásicos.

En este juego especular, se pregunta: ¿quién ocupa el lugar del Otro y dónde se ubica? En los medios masivos, no cabe duda. Acordando o valorando el espectáculo, son ellos los que ofrecen los ideales desde el palco oficial.

¿Esta ubicación en el palco oficial, no reviste una tentación para todo analista? ¿Cómo sostener la escena del analizante sin caer en la tentación de ser el sostén de los ideales del Otro? ¿Será este un tiempo, el de sostener los ideales, por el que todo análisis atraviesa?

8. 6.   Lo imaginario no especularizable

Lo que Lacan agregará, en el *Seminario 11*, es que esta operación identificatoria no es perfecta ya que deja un resto: la mirada del Otro. De la expulsión de esa mirada depende que la imagen se constituya, porque si la mirada quedara en el espejo el sujeto se encontraría solamente con el cuerpo despedazado. El niño logra significar su imagen porque en el espejo plano está presente el $-\varphi$, falo imaginario que carece de imagen. El falo está presente allí donde la mirada expulsada deja un vacío, allí donde la caída del objeto a deja una falta y esta falta será ocupada por la significación fálica $-\varphi$. La imagen especular, como dijimos, está sujeta a todos los desajustes imaginarios y por esto es fundamental la función $-\varphi$, ya que regula la medida de las cosas. Por esta razón, la significación fálica ajusta el campo de la visión, acomoda la medida en tanto es la medida de la falta, de la castración. Cuando el $-\varphi$ deja de estar presente como organizador de la imagen, la escena se desbarranca. O sea, cuando falta la falta cae la escena, o se infla imaginariamente, lo cual también la pone en peligro de estallar.

Si en el esquema del espejo era el ideal del Otro el que

autentificaba la operación de la identificación, cuando Lacan incluye la mirada afirma que el niño en júbilo frente al espejo gira la cabeza en busca de una autentificación y la respuesta del Otro será una pregunta: *¿che vuoi?* ¿Qué me quiere? Será entonces el deseo del Otro el lugar desde donde esta operación se autentica, donde se articulan la imagen del niño y el significante; lo imaginario y lo simbólico con lo real del cuerpo. La falta se hace presente, el Otro contesta desde el no saber y esto permite que se arme la pantalla que sostiene la imagen, que se arme la escena.

Si esta pantalla no se arma, ya no será con el cuerpo despedazado con lo que se encuentra necesariamente, dirá Lacan, sino con el agujero de la castración que no pudo ser velado. Falta la ficción que permite armar el $-\varphi$, tapando la castración y la angustia.

En los esquemas que Lacan usa para trabajar la mirada tiene un lugar muy interesante el concepto de pantalla, porque es el soporte para que la escena se constituya, en tanto que vela la mirada y permite que se aloje la imagen, pero también cabe en su superficie, el objeto *a,* quedando oculto por ella.

Se trata de un planteo interesante para pensar la ubicación del objeto *a* en el teatro: ¿se ubica en el lugar reservado detrás del escenario?, de manera tal que si cae la escena deja al desnudo el abismo que está cubriendo?

Esta pantalla nos deja ver tras sus velos y es justamente este efecto de semi-transparencia, de opacidad y nitidez al mismo tiempo, lo que produce el efecto tranquilizador, lo que pacifica y hace factible el armado del campo visual. Este velamiento del objeto se produce gracias a la operación del $-\varphi$, que permite ubicar una ficción en el lugar del agujero. Podemos afirmar, junto con Lacan, que esta pantalla, como un cuadro, sostiene un señuelo, una ficción, que se ofrece como una trampa para que la mirada se deponga y el sujeto pueda ver.

Para que un cuerpo se constituya en humano es necesaria una mirada que lo transforme en espectáculo, una mirada de los padres —o de quien cumpla esta función— para quienes ese niño constituye un espectáculo digno de ser mirado, alguien que se excita y despierta su deseo por ese cachorro. Esa mirada lo va ubicando en un cuadro que lo congela en una posición respecto del deseo y del goce del Otro; la mirada constituye ese cuadro interior que cada sujeto tiene y en el que obviamente está incluido, viéndose en relación con el Otro. Dice Alicia Hartmann: El cuadro donde el sujeto se hace mancha nos remite a las relaciones entre las cosas, los trazos de visión del pasado, lo que se ve interiormente, la textura imaginaria de lo real (2011, 152). Lo real del cuerpo escenificado en lo imaginario.

Es así como vemos aparecer un imaginario que no refiere solo a la imagen especular sino al cuerpo y al goce, a esa percepción imaginaria del cuerpo desde adentro, si vale la metáfora espacial. Sensación interna, cuadro interior que se articula con lo real del cuerpo a través de la mirada.

Refiriéndose a la obra de Merleau-Ponty, Hartmann destaca:

> Modalidad que toma lo especular, produciendo un
> imaginario no especular, como Lacan lo trabaja en el
> Seminario *La Angustia*, va a estar insinuada aquí y ese
> imaginario no especular podemos encontrarlo en este texto
> 'Si las cosas cambian en espectáculo y el espectáculo en
> cosas, yo en otro y otro en yo'. En esta reversibilidad la
> falta estaría operando. (2011, 152)

Es necesario el espacio de la falta, bajo la significación fálica, para que pueda establecerse ese juego de reversibilidad, juego imaginario por excelencia. Los sueños de los neuróticos son un claro ejemplo de cómo el sujeto puede tener infinidad de ubicaciones imaginarias sin disgregarse. No así en las psicosis, ya que la falta de esta significación fálica trae muchísimos trastornos en el imaginario y el sujeto se desposee en la metonimia identificatoria.

En síntesis, el imaginario no especular es la operación mediante la cual el mundo imaginario mantiene una medida y esto permite el desarrollo del campo visual. Sabemos que esta operatoria puede vacilar y sumir al sujeto en desarreglos imaginarios que amenazan su escena en el mundo o lo sumergen en una escena loca y, en ambas situaciones, se pierden las dimensiones de las cosas.

8. 7.   La mirada en la transferencia

En 1964, en el *Seminario 11 Los Cuatro Conceptos fundamentales*, Lacan traza la dimensión de la mirada como uno de los objetos **a**, y es entonces cuando pasa de la metáfora óptica a la de la perspectiva para dar cuenta de la división del sujeto y su relación con la mirada. Esta conceptualización le sirve para repensar la transferencia, tema central de este Seminario. Para ello, parte de la esquicia del sujeto como la dimensión esencial que el psicoanálisis nos revela, sujeto siempre dividido contra sí mismo, inaprensible para sí; ese sujeto que, tal como Freud lo caracterizó, está descentrado de su propia conciencia.

Para dar cuenta de esta división Lacan toma la mirada y la diferencia del campo de la visión: el sujeto dividido entre la mirada y la visión. Así como se encuentra escindido respecto de su deseo, al que jamás logra alcanzar, y cuando más cerca cree estar de él es cuando más se aleja, de la misma manera el campo visual, como contracara de la mirada, lo sumerge en el pregnante mundo visible donde se siente completo y de la falta nada sabe. Precisamente, en esta lógica la mirada que remite a la angustia de castración queda totalmente elidida, velada e inasequible para el sujeto de la conciencia. Aun así, el campo de la mirada está siempre presente y presidiendo la actividad visual del sujeto, porque, aunque ignoto, es lo que hace posible el armado de la escena.

Resumiendo, podemos afirmar que el plano de la visión está vinculado a la esfera de la conciencia, al sujeto cartesiano de la representación del que se ocupan la ciencia y la filosofía, con el espejismo concomitante de autocontrol y completitud que esto supone. Por el contrario, la mirada nos remite al campo del inconsciente y de la falta, de lo que tiene que quedar velado, y refiere directamente a la angustia de castración.

Insistimos: la mirada tiene que estar siempre elidida para que la falta se produzca; si la mirada ingresa en el plano de la escena falta la falta y se producen todas las patologías del campo de la escena, de las que nos ocuparemos más tarde. En esta dialéctica, nos preguntamos por el lugar del analista en ese delicado equilibrio entre velar y develar, entre culpabilizar mas no angustiar, entre encuentro y desencuentro, como lo plantea Lacan en el *Seminario 11*. Asimismo, la transferencia se juega entre estos dos términos, visión y mirada.

Algo muy parecido plantea Geirola cuando refiere al teatro. Se pregunta por aquellas dramaturgias que renuncian al ofrecimiento del Ideal y se juegan por trabajar en la búsqueda de encuentros al modo de la *tychè*. Formas teatrales que, lógicamente, incluyen la angustia en la escena sin por ello romperla. Quizás, es en esta búsqueda en la que nos encontramos con el texto de Geirola.

8. 8.   La dimensión de la visión y la conciencia

Tal como lo plantea Maurice Merlau-Ponty, Lacan destaca la anterioridad de la mirada respecto de la visión, es decir que el sujeto está en el mundo primero como materia visible, formando parte del espectáculo, y luego se constituye en el lugar del que ve. De esta manera marca "la preexistencia de una mirada –solo veo desde un punto, pero en mi existencia soy mirado desde todas partes" (*Seminario 11*, 80). En este aspecto, señalamos que el sujeto aparece en el mundo primero como mancha, o sea que hay una primacía de lo "dado a ver" por sobre "lo visto".

Esta anterioridad lógica del sujeto como "mancha" ofrecida a la mirada, esta condición de ser el espectáculo del Otro, no es algo de lo que tenga conciencia; ni siquiera es algo que pueda ser capturado en el plano de la visión. Lacan lo señala en forma contundente cuando afirma: "Entonces daremos cuenta de que la función de la mancha y de la mirada lo rigen secretamente, y a la vez, escapa siempre a la captación de esta forma de la visión que se satisface consigo misma imaginándose como conciencia" (*Seminario 11*, 82). Es en esta relación entre visión y mirada que el sujeto puede, eludiendo la mirada, percibirse como pura conciencia, "viéndose ver". Por lo tanto, este espejismo de la autocontemplación no es más que una manera de eludir la mirada, así como el autoconocimiento elude al inconsciente.

Parafraseando a Sartre en *El ser y la nada*: La prueba de mi condición de hombre es que soy objeto para todos los seres vivientes. Por lo tanto, tal como lo describíamos en el estadio del espejo, el pasaje de sujeto a objeto se produce a través de la mirada del Otro, sometido a esa mirada antes de que él —el sujeto— pueda dar a ver.

Es justamente éste el lugar que el sujeto juega en la transferencia, es la mancha que fue y que lo acompaña la que da a ver y monta en la repetición; el espectáculo que en su fantasma él constituye para el Otro. Esto es lo que el analista tiene que saber leer en la transferencia.

8. 9.   Viñeta Clínica

Juan siempre habla de lo dificultoso que le resulta la relación con su grupo familiar, sobre todo con su padre. Son varios hermanos varones, y desde niños el padre les organizaba actividades de hombres, como salir a pescar o a cazar, carreras de autos, de motos de enduro, etc. Juan esquivaba estos deportes amparándose en casa de una tía soltera que lo mimaba. Pasaba allí fines de semana completos y vacaciones enteras sin que ello llamara la atención de su familia.

Transcurrido un tiempo de análisis, trae un recuerdo que quedó grabado en su memoria de manera indeleble. Cuando tenía apenas cuatro años, su padre lo lleva junto con sus hermanos a una de tantas actividades deportivas. Al momento de regresar se lo olvidan, y reparan en su ausencia luego de transcurridas dos horas. Relatando esto, advierte que para los de su casa él es transparente, cuestión que se extiende a su entorno; no se acuerdan si estuvo o no en tal o cual momento

Esto es algo que también aparece en la transferencia. Cuesta descubrir bajo qué artificio Juan desaparece, pero sucede a menudo que se escurre en la sesión, se desvanece: se va por las ramas o se estanca en un punto de la cadena hasta producir que la escucha se dificulte. No produce exasperación, como algunos obsesivos, produce un desapego de la atención. A veces, suspende un turno y pasan semanas hasta que da señales de vida. Es un analizante al que es muy fácil olvidar. Es un punto nodal desde el que se plantea la dirección de la cura este desvanecerse que él repite en todas partes, se hace transparente. ¿Por qué no puede hacerse ver? ¿Quizás su padre no puede verlo?

Su imposibilidad para hacerse ver empieza a tomar un carácter sintomático y Juan puede comenzar a hablar de ello, sobretodo de algo muy paradójico: es músico y el escenario es el único lugar donde puede estar sin desdibujarse. La gente recuerda al cantante de la banda, pero no repara que es él: no lo une con el que se para en el escenario, con su personaje, hasta se sorprenden y le dicen: "¿Cómo? ¿Vos sos el cantante?"

Luego de un tiempo de trabajar esto dice: "Me puedo mostrar siendo otro, el cantante de la banda es un personaje; con la máscara puesta soporto estar, si no, tengo que desaparecer".

¿Qué mirada es la que necesita esquivar? ¿Cuál es esa mirada frente a la que no hay otro recurso que la transparencia? La transparencia funciona como un camuflaje, es su lugar de mancha, pero, y aquí va lo llamativo del caso, Juan encontró una nueva manera de estar en la escena, sin necesidad de hacerse transparente, sino, siendo otro: "la máscara" permite armar la pantalla y el escenario se transforma en su lugar.

8. 10.   La mirada en el sueño

Quizás esta lógica de la mirada queda más clara cuando recurrimos al sueño como campo opuesto al de la vigilia. En el primero rige la mirada, en la vida despierta es la visión la que domina, y responde al sujeto de la representación. Cualquier sueño que tomemos como ejemplo nos ilustra sobre el momento en que el sujeto despierta: la conciencia se vuelve a tramar, sabe que todo lo que pasó fue un sueño y se ubica en las coordenadas de tiempo y espacio. Es decir, en el momento del despertar se constituye nuevamente como sujeto de la representación. Lo que no se pone de manifiesto es que esta vigilia, que lo ubica como sujeto de la representación, al mismo tiempo lo coloca siendo representación para otro. Es éste el deslizamiento que queda tapado cuando el sujeto despierta y se reconoce bajo un nombre propio, una imagen y una sensación corporal; es decir, la unificación narcisística es posible porque solo es quien es para alguien, con relación a alguien. Esta unificación lo remite al momento del estadio del espejo, cuando el niño, jubiloso por el reconocimiento de su imagen en el espacio virtual, gira su cabeza y busca una mirada que testifique lo que está en el espejo.

Por lo tanto, al decir de Lacan, lo que lo hace consciente de sí, la mirada, es al mismo tiempo lo que lo ubica como espectáculo del mundo, pero a condición de quedar fuera del campo de la visión, de quedar expulsada. El mundo, de esta forma, se constituye como *omnivoyeur*, a condición de que el sujeto no sepa conscientemente que lo están mirando; eso se elide.

Pero el mundo no es exhibicionista, no muestra que mira; cuando se está despierto se reprime no solo que *eso* (lo real) mira sino también que *eso* (lo real) muestra. En el caso de Juan hay una mirada que no puede ser expulsada, una mirada que da cuenta de su invisibilidad para el Otro; solo el recurso de la música le da la herramienta para armar una pantalla que le permita incluirse en el cuadro. En el campo de los sueños, por el contrario, las imágenes se muestran de un modo para el cual existe todo un armado en cuanto a variaciones de intensidad, colores, formas. Hay un disfraz, un postizo que guarda un extremo cuidado, como plantea Freud, en armar aquello que da a ver, en las condiciones de la puesta. La escena del sueño no se ofrece para ser vista por el yo. Este jamás puede captarse, mientras está soñando, como sujeto de la representación, o sea, como quien es para el Otro. Aparece la imagen superintensa dando cuenta de la presencia de la pulsión. Este darse a ver es la esencia de la mirada, razón por la cual se conectará con el fantasma. Cuando el sujeto despierta y se dice "esto es un sueño" se inhibe la mirada y él recupera la visión.

Señalados estos dos campos, advertimos que el sujeto de la conciencia es totalmente ignorante de aquello que se encuentra más allá de las apariencias, más allá del semblante.

8. 11. ¿Cómo atravesar la escena de la visión y la conciencia?

Nos preguntamos cómo atravesar en la clínica el sujeto de la representación, el de la autoconciencia. No es éste el campo de trabajo del analista sino el del sujeto barrado, el del deseo. ¿Tendríamos que ir más allá del narcisismo, del semblante, y lograr producir la falta?

Cuando Juan logra atravesar su escena de transparencia, atravesar los semblantes y las quejas de "nadie me ve", es cuando puede interrogarse por ella y dejar de repetirla.

Para desarrollar este tema Lacan recurre a la anamorfosis, específicamente al cuadro *Los embajadores* de Holbein:

> Los dos embajadores están tiesos, erguidos en sus ornamentos ostensivos. Entre ambos una serie de objetos que, en la pintura de la época, representan los símbolos de la *vanitate*. Cornelius Agrippa, en la misma época, escribe su De *vanitate scientiarum*, que alude tanto a las ciencias como a las artes. Entonces, delante de esa ostentación del ámbito de las apariencias en sus formas más fascinantes, ¿cuál es ese objeto que flota, qué se inclina? No pueden saberlo, y desvían la mirada, escapando así a la fascinación del cuadro.
>
> Empiezan a salir de la sala, donde sin duda los ha cautivado por un largo rato. Entonces, cuando al salir se dan vuelta, para echar una última mirada ¿qué disciernen en esa forma? Una calavera (*Seminario 11*, 95)

Los embajadores de Holbein

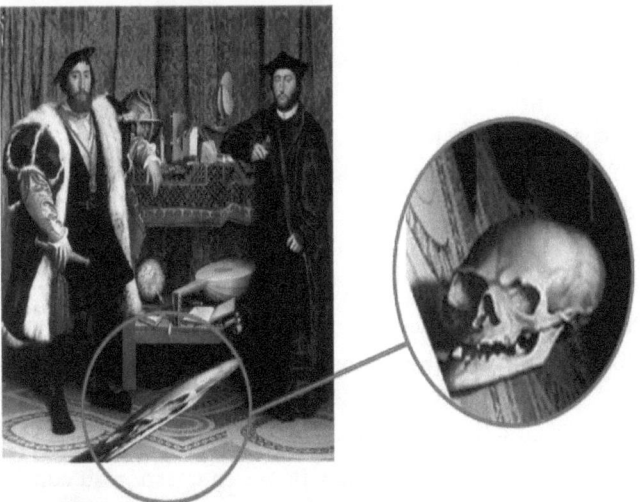

En el ejemplo, Lacan está está poniendo el acento en que cuando aparece algo anómalo, la fascinación cesa y algo de la angustia se hace presente, efecto de la visión desacomodada que no logra ser pregnante. Es el deseo el que logra atravesar el semblante y romper la fascinación de las vanidades poniendo en cuestión el narcisismo; así la falta se hace presente.

> Si uno no hace valer la dialéctica del deseo, no se entiende por qué la mirada del Otro desorganizaría el campo de la percepción. Y es que el sujeto en cuestión no es el de la conciencia reflexiva, sino el del deseo. Piensan que se trata del ojo punto geometral, cuando se trata en verdad de un ojo muy distinto el que vuela en primer plano en los embajadores. (*Seminario 11*, 96)

8. 12.   Consideraciones finales

En este capítulo nos propusimos trabajar la escena en la transferencia desde los conceptos de la visión y la mirada. Tomamos como paradigma la escena teatral en tanto concebimos el teatro como la práctica que realiza cálculo sobre la parte de las cosas que son objeto de la mirada.

Interrogando la escena teatral y su relación con la angustia en juego nos deslizamos a la escena del análisis, también como una práctica en la que es necesario calcular lo que un sujeto soporta develar en cada momento del análisis y aquellos velos que es necesario sostener según los niveles de angustia.

Llegamos a las siguientes conclusiones:

1. La escena disipa la angustia en tanto vela lo traumático del agujero de la castración.

2. Al mismo tiempo esa escena con mucha frecuencia se organiza desde el ideal, produciendo una consistencia imaginaria que vela la falta y obstaculiza el trabajo analítico.

3. Uno de los propósitos del dispositivo clínico del diván es romper con la seducción del ideal colocado en la mirada del analista.

4. La dirección de la cura se debate entre sostener la escena, para contener los desbordes de angustia, y poner en cuestión su consistencia.

5. El $-\varphi$ como una parte del imaginario que no es especularizable hace entrar la medida de la falta en la escena, pero sin dejar de ser un velo

a lo traumático.

6. Si el plano de la visión está vinculado a la conciencia, al sujeto de la representación, la mirada nos remite al campo del inconsciente y de la falta. Entre uno y otro es necesario el $-\varphi$, para que la pantalla se arme y tape la angustia de castración.

7. ¿Cómo atravesar en la clínica el sujeto de la representación, el de la autoconciencia? No es éste el campo de trabajo del analista sino, por el contrario, es el del sujeto del inconsciente, el del deseo. ¿Tendríamos que ir más allá del narcisismo, del semblante, y lograr producir la falta? Es allí donde Lacan propone la técnica de la anamorfosis, que convoca la falta, convoca al $-\varphi$.

CAPÍTULO 9

La escena entre bordes y desborde

9. 1.   Introducción

En el capítulo anterior planteamos que la escena vela la angustia producida por lo real y se instala como un borde que contiene al sujeto. En el trabajo clínico, el juego entre velar y develar la verdad del sujeto no se lleva adelante sin angustia. Cuando el monto de angustia que despierta es muy alto, amenaza la subjetividad y puede precipitar accidentes en la escena. Cabe aclarar que estamos remitiéndonos más al concepto de accidente de la tradición filosófica del término, que lo concibe como una condición propia de la cosa, que a la definición clásica de la mayoría de los diccionarios, incluido el de la *Real Academia Española*. Este lo define como: "Cualidad o estado que aparece en algo, sin que sea parte de su esencia o naturaleza.// Suceso eventual que altera el orden regular de las cosas". Nos resulta más interesante y rica la tradición filosófica, porque en ella se sostiene la discusión acerca de la pertenencia del accidente a lo esencial de la cosa o a lo contingente, debate interesante para nuestro tema. Puede leerse en el *Diccionario Enciclopédico Hispano-Americano de Literatura, Ciencias y Artes de la Editorial Montaner y Simón*:

> Filosóficamente, aparece su sentido negativo cuando se define como accidental lo que no es inherente a la sustancia o a la naturaleza de las cosas. Algo de lo que la antigua Escolástica entendía por causas secundarias, opuestas a las primarias o fundamentales, es lo que implica la idea de accidente. Y después, por extensión y amplificación de sentido, el accidente se estima como término opuesto a la idea de sustancia. Pero ni el análisis más perspicuo en la especulación, ni las observaciones más delicadas de la experiencia pueden señalar taxativamente línea divisoria entre lo esencial y lo accidental. (1887-1910)

Partimos de allí para postular los accidentes de la escena como las variaciones posibles que hacen cambiar sus condiciones de permanencia; producen efecto de sorpresa y desconocimiento pero, aún así, son parte de su estructura.

En la primera clase del *Seminario 10, La Angustia*, Lacan realiza un cuadro de doble entrada tomando la tríada freudiana Inhibición, Síntoma y Angustia. En la abscisa sitúa la *locomoción o movimiento* y en la ordenada, la *dificultad.*

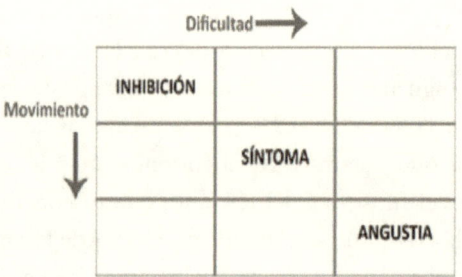

Buscando una estructura que articule estos tres términos, de carácter tan heteróclito, encuentra como punto en común que en los tres se puede indagar la relación que se establece entre el sujeto y el deseo. Los tres términos son como escalones crecientes en el encuentro con el deseo. Hay que situarlos en una diagonal que señala los pasos en el camino de la realización del deseo. Cuanto más pueda aproximarse el sujeto a su objeto de deseo y cuanto menos enmascarado esté ese objeto, mayor será la irrupción de angustia. Al hablar de enmascarado nos referimos, como trabajamos en el capítulo VII, a la ficción, al no saber del inconsciente. En conclusión, es la ficción que vela el saber la que permite al sujeto aproximarse al objeto de deseo, que solo puede presentarse tras los velos del significante.

Esto lo desarrolla más acabadamente en el *Seminario 14 La lógica del fantasma,* con el cuadro en el que ubica el "yo no pienso" del lado del ello, y el "yo no soy", del lado del sujeto del inconsciente.

Desde el inconsciente se puede desear como sujeto, y eso posibilita el acto; en cambio, cuando el sujeto se ubica del lado del ello, en lugar de prevalecer la posición de sujeto prevalece la posición de objeto y nos encontramos con todas las patologías del acto, que están entre inhibición, *acting* y pasaje al acto, siguiendo la diagonal, como señalamos.

Decíamos que el cuadro del *Seminario 10* nos permite indagar sobre las dificultades del sujeto para actuar en función de su deseo y las mascaradas a las que apela, como así también los bordes por los que el sujeto transita cuando del deseo se trata: el borde de la angustia, la angustia en el borde, o el desborde por la angustia.

Lacan necesita trazar un borde para el sujeto del deseo y es por eso que plantea "la escena del mundo" como el sostén imaginario simbólico que lo contiene. Es muy ilustrativa una apreciación de Diana Rabinovich sobre el trabajo que hace Lacan en este Seminario: "Está montando una escena, en el seminario mismo, en su trama misma, que muestra cómo se construye, por decirlo en términos del trabajo de Freud, entre inhibición, síntoma y angustia, el mundo fantasmático de un sujeto" (*La angustia y el deseo del Otro*, 399). Comenzaremos a trabajar interrogando a la escena.

9.2. La escena desde lo etimológico

El origen de la palabra escena se remonta al latín y significa: "lugar sombreado, estancia cubierta de ramas o de árboles; cobertizo natural o artificial que da sombra // Escena pública. La escena del mundo. Teatro público" (Diccionario Latino Español).

Este origen del vocablo nos remite a una paradoja: la escena se debate entre lo público, lo que se da a ver, y lo que resguarda, el cobertizo sombreado que cubre o protege. Parece definirse en el par mostrar-ocultar, o bien, velar y develar.

El diccionario de la Real Academia Española, vigésima primera edición (1992), la define así: "Sitio o parte del teatro en el que se representa o ejecuta la obra dramática o cualquier otro espectáculo teatral. Comprende al espacio en el que se figura el lugar de la acción a la vista del público // lo que se representa en el escenario // Suceso o manifestación de la vida real que se considera como espectáculo digno de atención // Acto o manifestación en que se descubre algo de aparatoso, teatral y a veces fingido, para impresionar el ánimo".

Podríamos sintetizar diciendo que la escena es:

1- En relación con la estructura, el escenario que contiene la representación; el soporte estructural.

2- Aquello que se da a ver en un escenario, lo que se representa.

3- Suceso de la vida real digno de espectáculo.

4- Lo fingido, lo aparatoso, la sobreactuación en la vida del sujeto.

Hasta aquí tenemos el juego de lo que muestra y oculta; el lugar donde se monta la representación; la trama argumentativa de una ficción; y, por último, la capacidad de ficción propia de todo sujeto. Del amplio espectro que esta palabra nos ofrece, vamos a tomar primero lo que los diccionarios llaman "la escena del mundo", en la que se pone de manifiesto que el mundo en que vivimos también es una escena que los hombres montamos.

9.3.   La escena del mundo en Lacan

Para desmontar este sintagma y pensar en su legitimidad, vamos a seguir el recorrido de Lacan en el *Seminario 10 La Angustia* donde, tomando como referencia a Claude Lèvi-Strass, afirma que en un primer tiempo hay mundo, pero que este mundo, en su condición material, no atañe al psicoanálisis sino que su objeto es lo que denomina el segundo tiempo:

> Ahora bien, la dimensión de la escena, su división con respecto al lugar mundano o no, cósmico o no, donde se encuentra el espectador, viene a figurar a nuestros ojos la distinción radical de ese lugar donde las cosas —aún cuando fueran las cosas del mundo—, donde todas las cosas del mundo vienen a decirse, a ponerse en escena según las leyes del significante. (43)

El mundo —dice— es impensable como una realidad material, natural, biológica, en definitiva, ajena al sujeto que lo está mirando e interpretando. No afirma que el mundo no exista en su realidad material, sino que el sujeto solo accede a él a través de las coordenadas simbólicas e imaginarias que otorgan sentido al escenario que lo rodea, este es el mundo que atañe al psicoanálisis.

Es precisamente ese universo de palabras, de pensamientos y de imágenes el que, como un prisma delante de los ojos, define lo que se ve. Este universo simbólico es un marco interpretativo desde el cual se le otorga sentido al mundo. Está regido por leyes del significante, que no son homogéneas con las leyes del mundo. Es este mundo atravesado por el significante el que interesa al psicoanálisis, porque es allí donde vive el sujeto, porque ése es el mundo del que habla el sujeto.

Siempre teniendo en cuenta que Lacan habla en su seminario, pero en lo que dice está sosteniendo un diálogo con Lèvi-Strauss, tenemos:

1- Primer Tiempo: "hay mundo".

2- Segundo tiempo: se desarrolla la escena sobre la que montamos el mundo. Esta es la dimensión de la historia, en tanto trama que da sentido, ordenamiento y valor a todo lo que hay en el mundo, inclusive aquellas cosas que están desde antes que aparezca un sujeto que les otorgue sentido. La historia reconstruye el texto del pasado, de ese primer mundo remoto, cuando no había testigo que con su mirada pudiera significar los acontecimientos. La historia da sentido a los fósiles, a los objetos acumulados a lo largo del tiempo.

Lo anterior no quiere decir que esa historia no sea verídica, pero sí que hay una verdad en el núcleo de ese mundo que es inaccesible para el sujeto atravesado por el lenguaje. Por lo tanto, el mundo es subido a la escena cuando hay un discurso que da cuenta de él; allí se incluyen los sujetos armando su propia trama, y ésta se articula con la escena del mundo. Así la trama subjetiva, particular e irrepetible, tiene puntos de contacto con las de los otros sujetos.

La inclusión del sujeto en esa escena del mundo depende de que el Otro le dé o no un lugar desde su deseo. Abrir esa puerta implica brindarle un alojamiento que inmediatamente se recubrirá de relatos, mitos, palabras e imágenes que hablarán del modo en que ese sujeto entró al mundo. Estos retazos de historia marcan una matriz desde la cual el sujeto erigirá su vida, montando sobre esta escena el resto de las escenas de su historia.

Es por este motivo que la novela de un sujeto no se agota en una sucesión cronológica; por el contrario, está marcada por la repetición de elementos que insisten, y que producen avances, retrocesos y vueltas al mismo lugar tan propias de la vida de un sujeto, como las escenas de los recuerdos, que se presentan sin ser convocadas y generan comportamientos o emociones inexplicables en los momentos menos apropiados. Esas repeticiones tienen que ver con retazos de textos de la vida, pero demarcan también las cuestiones más básicas, mal llamadas "naturales", como los ritmos o hábitos alimentarios, los de higiene, la cadencia de movimientos y gestos, las modalidades del dormir, etc. Todos son montajes de una escena que suponen una regularidad necesaria en la vida de un sujeto, que le dan un marco de coordenadas desde el cual da sentido y dirección a sus cosas. Esta escena que lo constituye, y que al mismo tiempo él constituye, es ignorada por el sujeto, que no es consciente del espejismo en el que vive.

9.4. La escena constituye al sujeto

La escena subjetiva, hemos dicho, está construida con retazos de textos que la arman. Lacan dice que son distintas cosas superpuestas: miradas, pechos, caricias, voces, deseos, sin ningún orden ni coherencia. Para graficarla, toma un ejemplo que extrae del libro *El pensamiento salvaje*, de Lèvi-Strauss, donde éste se refiere al *bricolaje*, hobby que consiste en superponer una serie de elementos en desuso, para, en algún momento, darle una organización significante. Una parte de un motor, un aspa de ventilador, un trozo de vidrio, etc., adquieren sentido cuando el *bricoleur* decide hacer algo con ellos y crea una organización diferente de la que tenía cada uno originalmente; crea un conjunto simbólico nuevo que borra o subvierte los significados originales.

Durante el trabajo psicoanalítico el paciente asocia libremente y, como en el bricolaje, va entregando escenas, palabras, fragmentos que no tienen un sentido anticipado y solo en el final de una sesión el sujeto podrá otorgarle a todo este material una significación. Así se construye también lo que llamamos el mito individual del neurótico o la novela familiar, donde, con una serie de recuerdos, olvidos, impresiones, fantasías y sueños, un sujeto arma el relato de su vida. Su significación dependerá de la lógica con la que se ordenen los elementos. Estos elementos se organizan como un relato, un cuadro o una obra teatral; se condensarán produciendo metáforas—como en una poesía, las cosas están entredichas, ocultas tras recursos de estilo—y se desplazarán continuamente, modificando el foco de interés de tal manera que los elementos con los que se contaba de entrada quedan totalmente disfrazados y camuflados, y, por lo tanto, irreconocibles en el producto final. Estas metáforas y metonimias, como en un sueño, van produciendo nuevos sentidos y de ese modo, a lo largo de su vida, el sujeto va otorgando a estas escenas nuevos sentidos que se desplazan.

El límite de esta construcción está dado por la materia prima inicial de la escena, ésta no se modifica; lo que sí puede modificarse es el modo lógico en el que se organiza. En muchas oportunidades de esto se trata un análisis, de lograr modificar el lugar que le fue asignado a un sujeto en la vida y poder estructurarlo según la lógica de su deseo.

Lacan esboza un mundo donde hay escena, escena que vela el abismo de lo real, pero esta escena mundana está sujeta a accidentes que son propios de su condición de ficción. Por esta razón, también cabe la posibilidad de salir de la escena del mundo, como claramente plantea Rabinovich:

> esta mundanidad no es la del mundo de las leyes naturales, sino la de un mundo modificado por las leyes del significante, y en ese mundo es donde hay escena y un mundo que es considerado como diferente de la escena; puedo, entonces, ir al mundo o subir a la escena o bajar de la escena. ("La escritura del corte" 45)

9.5. La escena y el enigma del no saber: inconsciente y arte

Para continuar con el tema del sujeto y el deseo nos sumergiremos en la escena por excelencia, la del teatro, particularmente, la de Hamlet.

En *Hamlet, el padre y la ley*, interesante libro de Enrique Kozicki, éste afirma que se trata de la pieza más misteriosa y enigmática de Shakespeare, y cita a R. Girard: "La que hoy sigue siendo la más misteriosa pese a la cantidad de trabajos críticos que se le han dedicado" (20). Pueden seguir hablando de ella generaciones enteras pero el enigma sobrevive. Entre sus conclusiones, queremos destacar una frase de Kozicki: "una consecuencia necesaria de esta naturaleza misteriosa, secreta, ambigua, es que el enigma solo puede plantearse en escena —individual, social, artística *stricto sensu*— enmascarado, disfrazado. Así se presenta en Hamlet" (20). Funciona como los sueños, que guardan la forma del enigma, y por lo tanto sus posibilidades de descifrarlos son inagotables. Dice Alejandra Pizarnik, también citada por Kozicki: "Nada responde a los enigmas. Pero formularlos desde el poema es develarlos, revelarlos. Solo de esta manera el preguntar poético puede volverse respuesta, si nos arriesgamos a que la respuesta sea una pregunta" (20). La respuesta al enigma, en definitiva, siempre es del orden de una ficción que engendra una nueva pregunta. Así, la obra de arte se torna fecunda y atraviesa los siglos interrogando al sujeto ¿del inconsciente?

Nos abocamos, entones, a *Hamlet* con el propósito de encontrar algunas repuestas y, fundamentalmente, nuevas preguntas.

9.6. Hamlet: entre inhibición y acto

En el *Seminario 10*, luego de plantear la escena del mundo, Lacan propone un tercer tiempo, la escena sobre la escena. Para ello retoma el análisis de *Hamlet* que había iniciado en el *Seminario 6*. En esta oportunidad se detiene en el problema de la inhibición que aqueja al príncipe de

Dinamarca; a pesar de que no lo diagnostica así explícitamente, dice que Hamlet está imposibilitado de llevar a cabo el acto de venganza por el crimen de su padre. Pero su problema no pasa por un no poder hacer nada, porque de hecho realiza algunas acciones descontroladas, como el crimen de Polonio. Esta acotación nos muestra que el problema de la inhibición no afecta todo movimiento sino aquel que lleva al acto de deseo.

Parafraseando a Lacan, *Hamlet* es la tragedia del deseo, en la que su héroe es un muchacho que no sabe lo que quiere. A pesar de contar con el pedido expreso del fantasma de su padre y de tener él mismo razones para hacerlo, pues su tío no solo mató a su padre sino que le arrancó el trono casándose con su madre, no sabe lo que quiere, no encuentra la fuerza para llevar a cabo su tarea.

Si retomamos el cuadro con el que da comienzo este *Seminario 10*, vemos que:

	Dificultad →	
INHIBICIÓN	EMBARAZO	IMPEDIMENTO
EMOCIÓN	SÍNTOMA	PASAJE AL ACTO
TURBACIÓN	ACTING-OUT	ANGUSTIA

Movimiento ↓

En el ángulo superior izquierdo está la inhibición, ubicada en el máximo de la dificultad y en el mínimo del movimiento, alejada de la angustia. Podríamos afirmar que la inhibición es un reaseguro contra el deseo y contra la angustia porque frena o detiene la realización del deseo, y lo consigue provocando una dificultad en cualquier función motora que tenga que ver con éste. Uno de los ejemplos clásicos freudianos es el de las parálisis histéricas que inmovilizaban los miembros para no "correr tras el objeto de amor", o las cegueras histéricas, que sobrevenían por la erotización de la mirada.

Frente a esta imposibilidad de llevar a cabo su deseo es que Hamlet planea "la escena sobre la escena", un exceso de actuación, como si resolviera el problema con el acto. El sujeto, para salir de la inhibición, monta una escena aspaventosa, sobreactuada, que pone de manifiesto su condición de mascarada. A esta escenificación Lacan le da carácter de *acting out*, y para analizarlo recurre a la escena de los comediantes convocados por Hamlet para reproducir el asesinato del rey a manos de Claudio. Pretende que al ver su crimen en la ficción, Claudio se sienta acorralado, pero algo falla en la trampa que prepara y termina él preso de su propia ratonera: con crisis de agitación motora y medio enloquecido, pero sin haber logrado cumplir su misión: llevar a cabo su acto.

Lacan señala que con esta artimaña lo que busca es "darle cuerpo a algo" ¿Qué será esto de dar cuerpo? ¿Y a qué quiere dar cuerpo? Busca dar cuerpo a una imagen, la del asesino que se representa en la obra, en la escena sobre la escena. Pero lo único que logra es el ataque de manía, porque, efectivamente, los problemas con el acto no se resuelven vía el i'(a), vía la imagen especular. La hiperkinesis intenta romper la inhibición, pero no logra resolver el problema del acto, porque éste no pasa por la motricidad.

Vuelve a sernos útil apelar al teatro. En el capítulo anterior veíamos un tipo de puesta en escena que, en términos psicoanalíticos, busca producir una identificación especular con el actor o el personaje, testificada por el Otro desde los ideales. Identificación que no soluciona el problema del acto porque se trabaja desde la demanda del Otro y no desde el deseo del Otro; por lo tanto, no convoca nada del orden de la falta y el deseo queda intocado. Este efecto lleva a Brecht a afirmar que, en el ámbito teatral, es esa identificación lo que mantiene al espectador satisfecho en la platea, sin interrogantes que lo distraigan.

Al príncipe Hamlet identificarse con el asesino de la ficción le permite dar cuerpo a la imagen como tal, pero no resuelve la cuestión. La imagen, el i'(a), no es suficiente para destrabar el tema del acto, porque, insistimos, trabaja desde el ideal y no desde la falta; obtura en lugar de destrabar.

9.7. Una salida a la inhibición: la identificación en el duelo

Ya en el *Seminario 6* Lacan plantea que Hamlet puede salir de la parálisis por medio de una misteriosa identificación, de naturaleza completamente distinta de la especular: la identificación con Ofelia, con el "alma furiosa", como él la llama; con esta muchacha para quien la vida se torna imposible dado que su amado Hamlet no solo la rechazaba, sino que asesina a su padre. Víctima suicida, Ofelia no puede con los duelos y cae succionada por ese agujero real que estas pérdidas producen. Cae como un objeto de desecho, junto al muerto, como "causa perdida", dirá Lacan. Pero este mismo duelo, que a Ofelia la sumerge en el suicidio, es lo que, según Lacan, le hubiera permitido a Hamlet destrabar el acto. ¿Cómo actúa el duelo en uno y en otro caso?

El sujeto que está en duelo enfrenta la dimensión real del objeto, lo que le produce un desenmascaramiento fantasmático. En el *Seminario 6*, Lacan lo formula como la operación de la privación que supone una falta, un agujero en lo real, pero de un objeto simbólico, el falo. Por su parte, "[a] lo largo de todo el Seminario X, el objeto *a* es caracterizado como un objeto privado, eminentemente privado que no puede circular en el circuito de los intercambios, que carece de un valor social determinado por una común medida. Para cada sujeto el objeto *a* cualquiera sea su registro —voz, mirada, pechos, heces—, es inconmensurable como todos los demás objetos" (Rabinovich, La angustia y el deseo del Otro, 63)

Como señala Marta Gerez Ambertín en el libro *Entre deudas y culpas: Sacrificios* "conviene diferenciar la privación que se juega en el falo como objeto simbólico, de la privación que se juega en el objeto *a*" (114). Porque será el trabajo del duelo el que permitirá recubrir el agujero del *a*, el agujero en lo real, por medio de recursos simbólico-imaginarios, y de esta manera contornear ese vacío, darle una medida, significar lo que el muerto se llevó consigo. Este trabajo puede ser realizado por el recurso simbólico del falo, que es el que permite la represión y posibilita opciones de salida, que podrán ir por el lado del i'(a) o del –φ; según de cuál se trate, nos encontraremos con el *acting* o con el síntoma, como así también con el acto.

Volviendo a *Hamlet*, Lacan explica que es en la escena del cementerio donde comienza a destrabarse la situación. Cuando Hamlet se encuentra frente a la tumba de Ofelia y ve a Laertes haciendo ostentación de su dolor, entra, en principio, en un estado de rivalidad. Gerez Ambertín lo explica así:

> ¿Qué llora más allá del muerto? Se conduele por ese
> pequeño pedazo de sí que, como el *ágalma*, el muerto se
> lleva. Se trata de demostrar a otros que ese objeto amado
> cuenta con el duelante como el más doliente: él es quien
> sufre como nadie […] Con ello el duelante muestra que es
> la máxima causa del muerto y, en esa mostración, en ese
> escenario, con ese público que le permite lanzar su llamado
> al Otro, consigue camuflar al objeto **a,** disfrazarlo,
> enmascararlo con un tenue manto de cobertura *agálmica.*
> (*Entre deudas y culpas: Sacrificios* 116)

Esta escena del cementerio es interpelada por Lacan para analizar la relación entre el duelo y el objeto de deseo. Hamlet entra en duelo por Ofelia, aquella a quien había rechazado y ahora se constituye en objeto de deseo. Puede identificarse con la causa que él fue para Ofelia, porque, como explica Lacan, "solo estamos de duelo por alguien de quien podemos decirnos *yo era su falta*" (*Seminario 10,* 155) .Esto es lo que Freud traza como la identificación con el objeto de deseo, propia del duelo. Y Sara Glasman describe así el agujero en lo real, propio de la privación:

> Ofrece un vacío donde proyectar el significante faltante,
> aquel cuya ausencia vuelve impotente al Otro para
> responder por la pregunta sobre el ser del sujeto. Se trata
> del falo bajo el velo, porque el significante, al mismo
> tiempo que encuentra un lugar, no podría ocuparlo porque
> no puede articularse en el nivel del Otro. (33)

Precisamente, por esta inadecuación del significante para dar cobertura a lo real es que en los duelos pululan fenómenos de tipo imaginario; el fantasma del padre, en Hamlet, es un ejemplo de ello.

En síntesis, la muerte de un ser querido produce una estocada a la escena, rasga su velo de ficción dejando el abismo al descubierto. En el borde de este abismo se encuentra el deudo apelando a los recursos del rito para frenar el vértigo. De este modo, las liturgias funerarias son un recurso imaginario-simbólico que buscan reconstruir alguna escena que tape el trauma. Estos rituales, precisa Lacan, constituyen la escena adecuada para que, sobre ella, el deudo monte su mostración y realice el *acting out* de llantos, desmayos, gritos; en definitiva, recursos imaginarios que intentan dar cobertura a lo imposible de la muerte.

Hamlet realiza su *acting out* frente a la tumba de Ofelia, toma del cuello a Laertes, exhibiendo su dolor, y por fin logra entrar en duelo, logra constituirse en sujeto en falta. No había logrado efectivamente entrar en duelo por su padre, o sea, contabilizar qué de él se fue con el muerto. Ese duelo, suspendido entre el crimen y la boda de su madre con Claudio, es una herida abierta que no contó siquiera con el recurso al rito, minimizado por las circunstancias que le permitiera armar una escena desde la cual sostenerse. Hamlet enloquece un poco y monta continuas escenas sobreactuadas en las que él mismo se pierde y, como señalamos anteriormente, la aparición del fantasma del padre es parte de este pulular imaginario que lo invade. No encuentra una apelación a lo simbólico que lo ayude a dimensionar su falta. Entrar en duelo por Ofelia será la llave que le permita salir de la inhibición por la vía de la identificación con el objeto de deseo que él fue para ella. Como deudo, es tomado por la falta. Si el Otro es inconsistente, si no tiene respuestas, si ya se perdió el objeto más preciado, ¿por qué no llevar a cabo el acto? No hay nada más para perder.

9.8.   Anudando: El saber en Hamlet

Lacan afirma que la relación de Hamlet con el saber es uno de los factores que dificultan su acto. "Freud nos lo dice: se trata allí de la representación consciente de algo que debe articularse en lo inconsciente; lo que tratamos de articular, de situar en alguna medida y como tal en lo inconsciente es lo que quiere decir un deseo" (*Seminario 6, 4/03/59*)

En contraste con la tragedia *Edipo Rey*, de Sófocles, en la que el héroe actúa desde el desconocimiento perpetrando un crimen del que desconoce el destinatario y del que pretende huir ante la profecía del oráculo, Hamlet parte del saber de un crimen horroroso que no puede soslayar. Al respecto, Enrique Kozicki, citando a Friedrich Nietzsche, dice:

> 'El conocimiento mata el obrar; para obrar es preciso hallarse envuelto por el velo de la ilusión –esta es la enseñanza de *Hamlet* y no aquella sabiduría barata de Juan el soñador, el cual no llega a obrar por demasía de reflexión'. Acto seguido, acerca de la función del arte, nos dice: '...el arte es como un mago que salva y que cura; él únicamente es capaz de retorcer esos pensamientos de náuseas sobre lo espantoso o absurdo de la existencia convirtiéndolos en representaciones con las que se puede vivir...' (23)

El arte y el inconsciente son productores de representaciones, de escenas, que al modo de pantallas velan el trauma y la angustia, produciendo un saber no sabido que aloja al deseo.

El fantasma del padre le confirma a Hamlet su sospecha sobre el homicidio. ¿Por qué la necesidad de una aparición? El *Ghost* viene a decirle lo que él sabe del trauma; pero, a diferencia de lo que trabajamos como la escena traumática (capítulos I y II), en este caso se trata de un saber que no logra reprimirse y retornar vía la formación del inconsciente, por lo que retorna "in altero", por fuera, al modo de la alucinación. Reaparece desde el ello; no hay enmascaramientos propios del sistema simbólico, y lo único que logra es un precario velo imaginario. Hamlet no puede hacer un armado ficcional, escénico, que le posibilite ubicarse subjetivamente frente a los dos crímenes más horrorosos para el hombre: incesto y parricidio.

El incesto se instala por dos direcciones que se entrecruzan y se confunden: por un lado, el casamiento de Gertrudis con Claudio, y por el otro, la posición edípica de Hamlet con la reina, marcada magistralmente por Freud. Si nos detenemos a pensar que, para instituirse como sujeto, el humano debe ingresar en el orden de la prohibición, entendemos por qué la subjetividad de Hamlet se ve amenazada frente a estos crímenes que, por otro lado, actualizan su propia tentación. ¿Cómo no inhibirse para resguardarse del pasaje al acto? Parado frente al abismo que producen estos crímenes, con la escena rasgada, Hamlet se encuentra invadido por un saber que lo desposee de su subjetividad.

Sabe de la falla del padre para instituir la ley; sabe que el límite que impone la ley es lábil, y quizás por eso, para vengar su crimen y poner la ley en circulación, también él, "pálido delincuente", tenga que dar su vida en la misión. Hamlet no puede pagar ni dejar la deuda pendiente. Al fin de cuentas, él debe hacerla pagar. "Pero en las condiciones en que está ubicado, el tiro pasa a través de él mismo" (Lacan, *Seminario 6*, 4/03/59).

9.9.   Viñeta clínica

Celeste se presenta en el consultorio porque conoce a la analista de ámbitos relacionados al arte por lo tanto puede entender algunas de sus cosas. Su familia es quien toma contacto inicialmente, alarmada por los continuos "ataques depresivos", con encierros prolongados, a los que se suma una sistemática negación a comer. No quiere ir al psicólogo porque no desea hablar con nadie. La vinculación con el arte es lo que le abre la puerta en este caso.

"Es una especie de escultura; en realidad es un objeto artístico, lo he realizado con pelos míos y anzuelos. Quedó bastante lindo, hace rato que estoy trabajando con el asunto del pelo, lo tejo, lo trenzo, bah…. hago distintas cosas. Es una búsqueda por el lado del cuerpo, o algo así, pero bueno, es arte conceptual", dice.

Durante un tiempo prolongado, Celeste solo puede hablar de su cuerpo a través de su obra. En realidad, habla de la obra porque es la única manera de ponerle un rostro a su tristeza, al dolor que le embarga el cuerpo, ese cuerpo que efectivamente parece una composición de pelos y que no logra dar con una mirada que lo contenga.

Una vez que comprueba que no va a ser interrogada ni impugnados sus hábitos alimenticios, puede empezar a hablar de lo prohibido, puede empezar a hablar de su dolor.

Huérfana de padre desde la pubertad, apenas si puede balbucear algunas cosas sobre este hombre. De él solo quedó flotando el abandono y la orfandad a la cual la arrojó su muerte. Devaluado por fallar muriendo, queda el mandato tácito de no nombrarlo. La madre solo lo recuerda cuando hace mención a las infidelidades y a los malos ratos que todos los hombres imparten.

Relata que no asistió al entierro. En un acto propio del grotesco, la dejaron en un cumpleaños sin informarle del fallecimiento paterno sino hasta el día siguiente. En la casa quedó terminantemente prohibido llorar y estar triste, porque la vida debía continuar y había mucho por afrontar. No hay fotos ni recuerdos, y manifestar dolor presupone una debilidad que no es propia de las mujeres de esa familia.

Cuando pasa al diván responde con un *acting*. Había tanto de lo que no se podía hablar que era necesario ponerlo en escena para que se mirara, y lo muestra de la siguiente manera: acostumbrada a llevar una vida sexual muy poco activa, limitada casi exclusivamente a devaneos fantasiosos en sus horas de encierro, decide irse a la cama con un desconocido, pasar la noche con él y regresar a su casa al mediodía para comunicar a todos (su madre y su hermana) que había estado "cogiendo". Llega muy contenta a su sesión para contar lo lindo que es "coger" por el solo hecho de "coger"; también habla del revuelo que había producido en las mujeres de la casa que, como se dan de liberales, no pueden argumentar que eso es de puta, solo pueden reclamarle el haberse dejado usar por un "nene bien" (tal el lugar que otorgan al compañero sexual de Celeste).

Pasa un buen tiempo dedicada a investigar este asunto de ser solo una compañera sexual para el otro. Puede empezar a hablar de su cuerpo en la mirada del "Nene Bien".

¿Qué es ser una...?

Hasta entonces había sido siempre la chica seria, enamorada

eterna de aquel al que solo veía cada tanto (un período muy largo) y luego desaparecía. Siempre el mismo, siempre desapareciendo; era el precio que había que pagar por pasar unas horas entre sus brazos, único lugar donde esta niña frágil encontraba abrigo. Salir de esta situación para ser la mujer que va a la cama solo buscando placer es un cambio desafiante difícil de soslayar.

Cuando puede empezar a hablar, se pregunta si esto es ser una puta, si es ella la que está allí con ese hombre. Juega a ser otra y se pregunta por la otra. Quizás por las putas con las que su padre amenizaba el matrimonio. Se compara con su madre, la pone a hablar, le pelea; defiende su lugar a la par de un hombre aunque sea como puta.

Con este movimiento ceden el encierro y la angustia; sale a pasear prescindiendo de las mujeres de la familia y tibiamente deja de usar el "nosotras" con el que se igualaba con la hermana. Del mutismo y "la depresión" pasa a ser la gritona, la peleadora, la que desafía el gélido gesto materno. Proclama: −Basta de ser fuerte, de esconder el dolor, de tener pose de superada. −En mi familia materna, las mujeres tienen esa pose de superadas, de frías e insensibles; en cambio, mis tías paternas son sensibles, lloran, les gustan los chicos, dicen que yo me parezco mucho a una de ellas.

Congelada en una eterna pubertad

"De eso no se habla" podríamos nominar al capítulo del no comer, y decido respetar ese punto de silencio. Pero algo estalla. Vocifera el reclamo, intentando horadar a esa madre témpano, y el cuerpo de mujer sexuada toma la escena familiar. Puede empezar a mostrar que los hombres circulan por su vida, que traen placer o traen dolor, pero que, fundamentalmente, están.

En una sesión en la que reedita la muerte del padre y los cambios que experimentó por esa época, advierte que quedó paralizada en una perpetua pubertad −Solo crecía intelectualmente, pero no en mis lazos con la gente, ni en mi cuerpo.

− ¡También, yo...! ¡Me tuve que comer tantas cosas! Si no, no era la hija de mi mamá, ni la hermana de mi hermana. Me he tragado años de dolor.

Se toma el significante tragar y se lo pone en relación con su dificultad para comer. Esta interpretación abre un juego de palabras con los significantes tragar, no la trago, atragantada, que acompañan su decir en relación con las mujeres de la familia y con la estricta prohibición de ser "sentimentaloide". Por primera vez puede hablar de sus dificultades con la comida, sobre todo cuando ésta ocupa el lugar ritual de celebrar la unión familiar. El no comer comienza a ubicarse como un síntoma, se interroga, hace metáfora y metonimia con su imposibilidad de sentarse a la mesa y de tenderse en la cama, de saborear, degustar y compartir, situaciones totalmente ausentes en la escena familiar. Podríamos plantear que en este primer momento hay tres pasajes: de un estado de impedimento al de *acting out*, y de éste, al síntoma. Consideramos el impedimento como lo trabaja Lacan en el Seminario sobre *La Angustia*, especialmente referido al cuadro mencionado, donde pone en relación los términos de inhibición, síntoma y angustia, ubicándolos en los ejes de coordenadas del movimiento y de la dificultad.

El impedimento es tomado como un deslizamiento de la inhibición hacia un lugar más sintomático. Etimológicamente, impedimento significa "ser tomado en la trampa", trampa que en este caso no es otra que la captura narcisística, el dejarse embrujar por el espejo.

Celeste está capturada en ese gesto de frialdad que ofrece el espejo materno, congelada e impedida de abrir la pregunta acerca de qué es ser una mujer. Esa interrogación la enviaría a la mirada paterna, pero, como hemos visto, la mirada paterna y el padre están interdictos por la madre. Imposibilitada de circular por otros rasgos identificatorios, Celeste hace de su gesto anoréxico un monumento a la petrificación, denunciando la coacción que este trazo impone.

Fotografiándose

Se interesa por la fotografía. Comienza fotografiando su obra y para ello estudia con cierto grado de perfección, como hace todo ella. Trae las fotos al análisis, muestra, organiza, habla y asocia con sus fotografías. Luego este círculo se extiende y fotografía las obras de otros;

después, paisajes. Un día cuenta que está probando fotografiar su cuerpo desde la perspectiva que le permite su vista: hace tomas de sus pies, de sus piernas, de su torso vistos desde arriba. El efecto que logra con estos autorretratos es muy extraño. Ella lo asocia directamente con la necesidad de encontrarse con su cuerpo, con sus formas, pero señala que es con el cuerpo que ella ve.

Fotografiándose incesantemente, tropieza con una foto del padre que acompaña con el relato de una tía materna (es la única hermana de la madre cuyo marido no murió y lleva un buen matrimonio). Ella le cuenta cómo su padre cortejaba a la madre, la música que escuchaba... Incluso, el esposo de esta tía le graba un CD con los temas preferidos de su papá.

Muñida de tamaño legado, se aboca a hacer un retrato del padre, y refiere que lo que más le cuesta es la mirada. El desafío es reconstruir la mirada del padre pero eso se logrará en el reflejo de cómo miró a su madre. Recurre a ella pidiendo relatos, fechas, cartas. La madre, no muy a gusto, accede a algunos de los pedidos de su hija.

Esta búsqueda la lleva a la familia paterna, con la que toma contacto de a poco. Sin embargo, al cabo de un año se transforma en una pieza imprescindible para ese grupo, sobre todo para el hermano del padre.

Luego de ese tiempo, Celeste termina el retrato. Logra encontrar la mirada del padre y con ella incluirse en ese linaje, incluirse en el cuadro.

La fotografía sigue siendo una pasión. Monta una muestra con los fragmentos del cuerpo que, ahora, ya forman una composición.

9. 10.   Consideraciones finales

En este capítulo partimos de la relación entre el sujeto y su deseo, y analizamos el papel que juega en esto la escena.

La escena es el recurso por excelencia para que el deseo se ponga de manifiesto.

La escena del mundo es el lugar en el que vive el sujeto cuando entra al universo simbólico, y se extiende hasta los confines de la otra escena, la de lo inconsciente. Es donde se aloja la subjetividad y desde donde el sujeto del inconsciente puede desear y posibilitar su acto. Pone a funcionar el saber no sabido del inconsciente; solo desde allí el sujeto puede actuar en relación con su deseo.

El arte y el inconsciente son productores de escenas que, al modo de pantallas, velan el trauma y la angustia, produciendo un saber no sabido que aloja al deseo. Todo aquello que amenace la escena del sujeto atenta contra su posición de tal; fuera de ella, el sujeto se precipita como objeto.

Cuando la escena se ve amenazada, el sujeto tiene distintas posibilidades de respuesta de acuerdo con el lugar que tome. En relación con esto se pueden trabajar las patologías del acto.

Cuando lo traumático no logra encausarse por el camino del sistema inconsciente retorna sin enmascaramientos y amenaza la escena subjetiva porque solo logra un precario velo imaginario, mientras lo real hace estragos en ella.

La muerte de un ser querido es una amenaza para la escena subjetiva. La respuesta del sujeto a esta situación nos da un modelo para pensar su posición en estos casos. En el borde de este abismo, el deudo apela a los ritos (apelación escénica) para frenar el vértigo. De este modo, las liturgias funerarias se instalan como un recurso imaginario-simbólico para reconstruir alguna escena que tape el trauma. Estos rituales constituyen, ellos mismos, la escena adecuada para que el deudo monte su mostración y realice el *acting out*, como recursos imaginarios que intentan dar cobertura a lo imposible de la muerte. De no constituirse esta sutura, el sujeto corre el riesgo de caer con el muerto fuera de la escena.

El rito aparece, entonces, como el primer armado escénico que da cobertura al real de la muerte, posibilitando el despliegue imaginario que dé consistencia (*acting-out*, alucinaciones) al deudo. Solo después de esta primera cobertura el sujeto puede tomar el camino del síntoma, despliegue escénico por excelencia, o permitirse el camino del acto, que implica soportar la castración y el desvalimiento.

CAPÍTULO 10

Los accidentes de la escena: el pasaje al acto

10. 1.   Introducción

> No siempre estamos en la escena, aunque la
> escena se extienda muy lejos, incluso hasta el dominio de
> nuestros sueños. Cuando no estamos en la escena,
> cuando permanecemos más acá y tratamos de leer en el
> Otro de qué va, no encontramos allí en x, más que la
> falta. (Lacan, *Seminario 10*, 121)

Cuando no estamos en la escena, nos encontramos con lo traumático del vacío. Y podemos agregar que aun en análisis nos encontramos dentro de la escena, porque fuera de ella el sujeto se precipita en el vacío de lo real. Pero aquí surge una cuestión importante, retomada de capítulos anteriores. ¿Cómo hacer en el trabajo analítico para convocar la falta y atravesar la escena sin precipitar al sujeto al abismo? ¿Trabajar con la falta no significa poner al sujeto en el borde de lo real? Sabemos que uno de los peligros de los finales de análisis, que es cuando caen muchos semblantes, es el pasaje al acto.

Por esta razón, cuando Lacan introduce el tema del *acting* y del pasaje al acto se detiene muy especialmente a trabajar el lugar del analista y su manejo de la transferencia: porque dependerá de su pericia sostener o precipitar al sujeto.

Acting y pasaje al acto son fenómenos que se trabajan dentro del dispositivo analítico, pero esto no significa que no puedan producirse fuera de él, en la vida cotidiana. Ambos se dan cuando el sujeto ve que el Otro se ausenta, se desvanece, o amenaza con hacerlo. Esto produce una irrupción de angustia que puede incluso arrastrar al sujeto en caída libre. Teniendo en cuenta que el trabajo clínico no se lleva adelante sin angustia, los accidentes de la escena son parte del trabajo mismo y sería impensable un tratamiento sin que el *acting* se haga presente. Justamente por eso resulta indispensable el establecimiento de la transferencia y la ubicación del analista como Otro que sostenga al sujeto en este accidentado tránsito.

10. 2. La transferencia, una cuestión de amor y de falta

En el capítulo X del Seminario *La Angustia*, Lacan introduce la cuestión de la transferencia y señala la importancia del lugar vacío, ese lugar de falta al que se dirige el trabajo analítico: "En la medida en que se apunta a este lugar vacío en cuanto tal, se instituye la dimensión siempre descuidada, y con razón, cuando se trata de la transferencia" (121). Ese lugar vacío es el límite de la escena, su borde, y en tanto tal, es el lugar de la angustia.

Lacan ubica el trabajo de la clínica psicoanalítica en este límite de la escena, dado que para poder analizar es necesario poner al sujeto en falta, intentar horadar la escena. Y aquí aparece el punto del amor de transferencia; porque justamente se trata del amor como "dar lo que no se tiene", el amor en tanto pone al sujeto en falta. "En función de este amor, digamos, real, se instituye lo que es la cuestión central de la transferencia, la que se plantea el sujeto a propósito del *ágalma*, a saber, lo que le falta, pues es con esa falta con lo que ama" (122), afirma Lacan. Solo ofreciendo su falta el sujeto puede entrar en trabajo analítico. El análisis trabaja con la falta y apunta a ella en ese peligroso borde de la escena, en el límite del espejo, en el rombo del fantasma ($\$\Diamond a$), en la barra que separa la Ley y el deseo de la pulsión, pero siempre sostenido por el amor de transferencia. Convoca la falta, pero su reaseguro es el amor de transferencia que sostiene alguna escena desde la cual el sujeto se instituye.

¿Por qué convocar la falta? Porque cuando el sujeto no reconoce ninguna falta no puede interrogarse ni cuestionar su sufrimiento. Dice Lacan que para tener el falo es necesario no serlo; solo así se puede usarlo. En estas líneas en las que trabaja los accidentes de la escena, Lacan alude claramente a situaciones en las que la "manipulación analítica de la transferencia" (*Seminario 10*, 122) no puede horadar al sujeto y éste se mantiene en una situación de tal completitud que nada de lo que se diga o haga lo modifica. Usa una metáfora muy expresiva para referirse a esa imposibilidad de producir efectos en análisis: "como el agua por las plumas de un pato" (125). Ese estado de completitud no deja de ser altamente peligroso, porque cuando falta la falta, la angustia acecha de cerca y amenaza la subjetividad. Hacer del analizante "un sujeto de la falta, aquello por lo que se constituye propiamente en el amor, es lo que le da, por así decir, el instrumento del amor, en la medida en que se ama, que se es amante, con lo que no se tiene" (*Seminario 10*, 131). Solo perdiendo la condición de falo de la madre, vía la castración, el sujeto tiene chances de poder tener el falo. Porque justamente en tanto no se lo tiene, en tanto que falta, puede ser recuperado por medio de la identificación y hacer de la falta un instrumento. Esto es lo que Lacan describe en términos de cuando el padre dona el falo. Por la vía del tener (para lo cual es necesario perder y recuperar como objeto perdido), el falo puede ser usado como instrumento para el deseo. Por esa razón, los niños que quedan como falos de la madre, son el falo, y por lo tanto no pueden tenerlo. Si el sujeto no lo pierde y queda siendo el falo, no podrá usarlo y solo quedará completando al Otro, como el paciente de Ella Sharpe.

10. 3. Pasaje al acto: "El sujeto se mueve en dirección a evadirse de la escena" (Lacan, *Seminario 10*, 129)

Delicada la relación y el límite, en el trabajo analítico, entre poner al sujeto en falta llevándolo al borde del espejo o al borde de la escena, pero sostenido desde el lugar del analista, o dejarlo en ese abismo sin el necesario anclaje en la transferencia; "dejarlo caer", dice Lacan. En este aspecto, hace una precisión clínica muy rica cuando indica que hay momentos en los que es necesario llevar al sujeto de la mano para que no caiga. Con estas palabras introduce el tema del pasaje al acto.

> Ese dejar caer es el correlato esencial del pasaje al acto.
> Aún es necesario precisar desde qué lado es visto ese dejar
> caer. Visto precisamente, del lado del sujeto. Si ustedes
> quieren referirse a la fórmula del fantasma, el pasaje al acto
> está del lado del sujeto, en tanto que este aparece borrado

al máximo por la barra (…) Es entonces cuando, desde allí
donde se encuentra —a saber, desde el lugar de la escena en
la que, como sujeto fundamentalmente historizado, puede
únicamente mantenerse en su estatuto de sujeto— se
precipita y bascula fuera de la escena. Esta es la estructura
misma del pasaje al acto. (*Seminario 10*, 128)

La fórmula del fantasma que, sin nombrarla, venimos trabajando,
es la que da cuenta de la operación mediante la cual el sujeto es subido en
la escena que lo separa del mundo real y lo ubica como sujeto del deseo:
$\$\Diamond a$.

La fórmula representa al sujeto en la escena del Otro, en su
relación de alienación —separación respecto del objeto de deseo. Cuando
la barra que divide al sujeto lo aplasta, el rombo de alienación-separación
cede y lo expulsa al mundo, fuera de la escena:

por una parte, el mundo, el lugar donde lo real se precipita
y, por otra parte, la escena del Otro, donde el hombre
como sujeto tiene que constituirse, ocupar su lugar como
portador de la palabra, pero no puede ser su portador sino
en una estructura que, por más verídica que se presente, es
estructura de Ficción. (*Seminario 10*,133)

Por lo tanto, cuando el pasaje al acto se produce, se rompe la
estructura de ficción que sostiene al sujeto; una irrupción de lo real hace
estallar la escena. Todo esto, acompañado por el desborde de angustia
que, como señala Freud, es un fenómeno de borde que señala el límite del
yo cuando se ve amenazado. Por lo tanto, este desborde amenaza con
destruir la integridad del yo, con producir la despersonalización.

Lacan se pregunta por qué analistas como Freud o Rank son
llevados a "encontrar el fenómeno de la angustia en el nivel pre-especular
y pre autoerótico del nacimiento, donde a nadie en el concierto analítico
se le ha ocurrido hablar de yo" (*Seminario 10,* 133). ¿Por qué remontarla a
lo pre-especular si en ese momento el yo no está constituido, y, por otra
parte, por qué se afirma que la angustia es señal en el yo? Contestando
esta pregunta con Lacan, afirmamos que la angustia es un fenómeno de

borde en el yo cuando éste se ve amenazado de ser retrotraído a un tiempo anterior, en el que aún no estaba constituido. Es decir, cuando se encuentra al borde de la desubjetivación.

Estos fenómenos que la angustia desbordante produce son lo más opuesto a la estructura del yo. Comienzan con el desconocimiento o extrañeza de la imagen especular. Afirma Lacan:

> Si lo que se ve en el espejo no resulta susceptible de ser propuesto al reconocimiento del Otro, es porque lo que se ve en el espejo es angustiante; y que para referirme a un momento que marqué como característico de la experiencia del espejo, como paradigmático de la constitución del Yo Ideal en el espacio del Otro, diré que se establece una relación tal con la imagen especular que el niño no podría volver la cabeza, según ese movimiento que les describo como familiar, hacia ese Otro, ese testigo, ese adulto que está detrás de él, para comunicarle su sonrisa, las manifestaciones de su júbilo por algo que le hace comunicarse con la imagen especular, y que en cambio se establece otra relación de la que se halla demasiado cautivo para que ese movimiento sea posible; en X, la relación dual pura desposee —sentimiento de relación de desposesión marcado por los clínicos para la psicosis— desposee al sujeto de la relación con el gran Otro. (*Seminario 10*, 134)

¿Qué es lo que se presenta en la imagen como imposible de ofrecerse al reconocimiento del Otro? Lacan es claro en este punto y concluye diciendo que lo que aparece en la escena es justamente aquello que debía estar velado, reprimido, el objeto *a*. Insistimos, se trata de una irrupción de lo real que pone en riesgo la ficción del sujeto. Este horror que se presenta en la escena "desposee al sujeto de la relación con el gran Otro", lo captura; el sujeto pierde el ancla en el Otro, pierde el soporte que lo sostenía en la escena y cae al mundo como un resto.

Decíamos que en el pasaje al acto el sujeto se despersonaliza, se le rompe la escena y es arrojado al mundo como una cosa, como un resto. En este caso no hay un mensaje al Otro, no hay apelación; no es una escena montada para que el Otro la vea. Por el contrario, el Otro está perdido para el sujeto, "desposeído", aclara Lacan, de la referencia al Otro que sostiene desde el estadio del espejo. Afirma Gerez Ambertín, en el libro *Culpa, responsabilidad y castigo* que "ante la pérdida del los marcos simbólicos e imaginarios y por la angustia que esto suscita, el sujeto es arrastrado como un objeto, queda sin causa y sin cauce: puro desborde, desecho del mundo" (61).

En estos casos nos preguntamos si la indicación de Lacan acerca de tomar al sujeto de la mano, para no dejarlo caer, no supone armar desde la escena de la transferencia un dispositivo que sostenga al sujeto. El analista, constituido en el lugar del Otro, con la escucha atenta, puede apostar a la contención del sujeto en la caída mediante dispositivos transferenciales, tales como el aumento del número de sesiones, o, a veces, redistribuir la política de la mirada e indicar un retorno al cara a cara por un tiempo, en fin, con estrategias que permitan dar cobertura a la rasgadura de lo real en la escena.

Lacan se muestra muy cuidadoso, por el peligro subjetivo que supone una irrupción de angustia desbordante, y plantea que en el trabajo analítico debemos *culpabilizar, mas no angustiar*, porque por el camino de la culpa alguna falta se dibuja, y abre un camino hacia la división subjetiva[9]. Una cosa es convocar la falta haciendo surgir la división del sujeto y otra, muy distinta, es lo que hace el perverso con su *partenaire*: barrarlo hasta que la angustia sea intolerable. Un analista debe saber hasta qué límite soporta ser barrado un sujeto y qué sostenes necesita. Una escena tiene que sustituir a otra; de lo contrario, el sujeto se precipita al vacío.

En definitiva, lo que estamos postulando es que el "tomar de la mano", planteado por Lacan, también incluye la intervención analítica en la escena transferencial misma, no se resuelve solamente desde el plano de la interpretación sino que requiere de otras maniobras transferenciales. Lo mismo sucede en el caso del duelo, muchas veces en esta situación el ana-

---

[9] Tema trabajado acabadamente por la Dra. Marta Gerez Ambertín en *Los imperativos del superyó.*

lizante necesita el armado de una escena en la transferencia que contenga la tentación del pasaje al acto, de irse con el muerto.

La otra pregunta clave es la siguiente: ¿se puede retornar de un pasaje al acto? Y allí, ¿cuál es la intervención del analista?

Tratando de dar respuesta a este interrogante tomaremos un caso trabajado en un expediente judicial porque ilustra muy bien *la desposesión del Otro*, producida por el real que significa la indigencia, económica y simbólica; el abandono del Otro social que deja al sujeto sin recursos para responder a lo traumático. Por otro lado, el caso plantea la posibilidad de pensar las liturgias jurídicas como una herramienta para reinstalar la escena subjetiva, como así también el lugar del Otro y la Ley. Este trabajo se realiza desde la institución social, pero nos permite pensar, desde allí, la clínica. Si en el pasaje al acto el Otro soltó la mano del sujeto, el camino que se recorre en un proceso judicial abre la posibilidad de volver a tejer las redes simbólicas rotas, ayudando al sujeto a retornar a la escena, aunque queden cicatrices. Este entretejido también se plantea desde la clínica cuando estamos frente a un sujeto devastado por el pasaje al acto.

10. 4. Viñeta clínica: entrecruzamiento de lo jurídico con lo clínico

Lo interesante del caso que vamos a analizar es que revela la dificultad planteada a la sociedad por el delito de sujetos que no fueron contenidos en sus redes, sujetos excluidos del sistema. Nos estamos refiriendo a lo que se podría llamar delitos de la pobreza, en los que víctima y victimario comparten un escenario común de privación material y simbólica. Son crímenes que denuncian la precariedad de recursos de quienes los cometen, dejan ver la dificultad de tramitar la impulsión por las vías de la palabra y las ficciones que la cultura provee a los sujetos que incluye; casos en los que la ausencia del Otro es brutal y deja al sujeto librado a su suerte, víctima del insoslayable real que la pobreza extrema implica. La pobreza no solo alude a lo económico, sino también a los simbolismos con los que una sociedad instituye a sus miembros. La escena del mundo deja en su margen a muchos. Frente a esto, el ritual jurídico debería cobrar un valor imponderable, porque ofrece el marco simbólico apropiado para reinsertar el acto en la subjetividad del reo.

Recorrer el camino por el cual una sociedad acoge o expulsa a sus miembros puede servirnos para dimensionar el proceso judicial como un modo que tiene el sistema de otorgarle a un sujeto el lugar antes negado.

Es el Otro el que nombra a las personas, las inscribe en libros donde consigna sus filiaciones y desde allí comienza a escribir su historia en este mundo. Las ingresa en la escena del mundo y lógicamente terminará escribiendo un acta de defunción y una lápida. Al otorgar un nombre se otorga también una identidad. ¿Qué supone la identidad sino la unión de la palabra, el nombre, con un rostro, una imagen y una historia? La filiación, la nacionalidad, la fecha de nacimiento son constitutivas de la identidad. Como así también la raza, el sexo y el género sexual. Así comienza este cuento que contamos todos cuando decimos quiénes somos y tratamos de representarnos con palabras. Así construimos la ficción de nuestra escena subjetiva. Esto nos parece el acto más natural del mundo; sin embargo, es profundamente cultural, y depende de liturgias y normas arraigadas en nosotros, que las naturalizamos.

Cuerpo y nombre, que representarán al sujeto, le permitirán también el montaje de la escena en la que hará jugar su realidad. En la sombra de este proceso queda oculto el padecimiento que la cultura inflige a ese cuerpo nominado, legalizado. Braunstein lo llama carne mortificada por el lenguaje. El sujeto queda por siempre dividido contra sí mismo; la cultura supone un freno a las impulsiones y por ello, es una lucha constante. La cultura se presenta como un velo, una escena, una ficción que tiene el propósito de dejar en la sombra la profunda falla, el malestar inconciliable sobre el que se erige.

El montaje legal define la inclusión de los sujetos en el sistema político. Es interesante destacar que al demarcar la inclusión demarca también, implícitamente, la exclusión. Franjas sociales que no acceden a este proceso de humanización, que tan "natural" nos parece, son arrojadas a un vacío de normas, de palabras y de hábitos que amortigüen el dolor de existir.

Al entrecruzar el saber del derecho y el del psicoanálisis, es un desafío interrogarse por la inclusión y la exclusión de los sujetos en este andamiaje legal, y por los derroteros que toman la culpa y la prohibición en esta dialéctica. El pasaje al acto, entendido como un "escape de la escena", nos lleva a pensar la relación entre la escena y la ley y, necesariamente, a replantear la cuestión de la sanción como un posible reposicionamiento de la ley en el sujeto; como una reconstrucción de la escena.

El caso

La maquinaria jurídica se puso en funcionamiento cuando un médico de una institución pública denunció el fallecimiento de una recién nacida, ocurrido a las pocas horas de su ingreso al hospital. Había sufrido un golpe en la cabeza y su cuerpo estaba sucio con tierra. Se solicitó autopsia e intervención de la Policía. El personal de la fuerza pública se presentó y tomó declaración a la madre de la víctima, quien se encontraba internada en la misma dependencia.

Declaración de la madre

"Que el día 22 del presente mes, como a horas catorce llegó a su casa después de haber trabajado toda la mañana, encontrándose embarazada de seis meses de gestación lo cual sus padres no sabían nada al respecto. Ahora bien, para higienizarse tuvo que sacar agua de un pozo muy profundo a lo cual tuvo que hacer mucha fuerza, pero lo cierto es que en la noche de igual día encontrándose parada en el baño de su casa en forma imprevista despidió al bebe el cual cayó al piso cortándose solo el cordón umbilical que lo unía a la dicente y sin que nadie se diera cuenta y que no se enterara nadie, lo sacó a la calle y al frente de su casa en la orilla de una cuneta, lo dejó abandonado regresando nuevamente la exponente a su casa, pero como se sentía muy mal, su hermana la trasladó al Instituto de Maternidad para su atención, siendo que la misma al día siguiente al haberse enterado de lo que había sucedido levantó al bebé y lo trasladó también hasta el lugar donde se encontraba la dicente, encontrándose aún con vida. Que su actitud (la de abandonar al hijo) es por el solo hecho de que sus padres no se enteraran de que estaba embarazada y por temor a represalias, es que no le contó nada a sus padres, encontrándose arrepentida de lo que había hecho. Que perdió al bebé seguramente por la fuerza que ha hecho para sacar agua del pozo, ya que en ningún momento tuvo intención de perder la criatura".

Apartándonos de la fría mirada del expediente, sus dichos nos llevan a reflexionar sobre el relato del episodio como la pérdida de un embarazo y no como un parto. Tanto es así, que dice estar embarazada de *seis meses* o que tiró a la criatura porque no quería que sus padres se enteraran del *embarazo*. Incluso afirma que *"perdió"* al bebe por la fuerza hecha... Describe el hecho como un *a*borto espontáneo. Por momentos, da la impresión de que no puede hacer un registro de la situación del parto. Algo la atraviesa en ese momento y la deja fuera de la escena, luego analizaremos el porqué de esta afirmación.

Para que un hijo pueda constituirse como tal, tiene que mediar el deseo de la madre. Solo se configura la función materna cuando la mujer en cuestión logra hacer de ese embarazo una metáfora de su deseo, de esta forma se coloca el feto como bebé. Los sucesos del cuerpo femenino, de la hembra, tales como la regla, el acto sexual, el embarazo, el parto, el aborto, son momentos de apertura a fenómenos extraños, razón por la cual se impone tejer una trama simbólica a su alrededor para darles una significación. Son ritualizaciones que encaminan a buscar sentidos posibles para ese fenómeno biológico que habita su cuerpo.

Lo que se desprende del discurso de esta declaración es que esta mujer no está embarazada; más bien, un embarazo la posee en exceso, la devasta, comprometiendo el cuerpo en su opacidad somática. En esta declaración ella no hace referencia a su hijo como a un niño; no indica en él condición humana alguna, tales como el sexo, rasgos, llanto, etc. Esta ausencia de mención da cuenta del real, del puro *cacho de carne* que su entraña expulsa.

Otro de los aspectos que debemos destacar es la ausencia de referencias a su estado físico o subjetivo. No habla de dolor, de confusión ni de sorpresa; como si no hubiera una subjetividad que registrara lo que sucede porque está obturada por el único sentimiento que reconoce: el miedo. Un miedo visceral que empaña la razón.

Escenificar lo prohibido

El homicidio atenta contra la representación de la ley como soporte del sistema social. Pone en cuestión el lugar del Padre como pivote de la cadena genealógica. Todo asesinato es de la paternidad en tanto rompe esa cadena genealógica y hace temblar el lazo social, jaquea la escena del mundo y deja a los sujetos abismados en el agujero que produce. Por eso el homicidio necesita ser ritualizado, ser puesto en palabras siguiendo un orden procesal muy pautado por el sistema jurídico. Es un intento de atrapar el acto mudo en el discurso para otorgarle significación. La opacidad del homicidio es tal, en tanto acto desarraigado de la palabra y también de la genealogía, que necesita ser reingresado al sistema mediante liturgias que logren cubrirlo con un rostro discursivo, humano. Subirlo a escena.

Si nos detenemos a pensar que todos los relatos que intentaron capturar alguna verdad de la humanidad se detuvieron alrededor de este asunto, consagrando páginas especiales al homicidio del padre y al sacrificio, advertimos lo nodal de esta cuestión. Como ejemplo de ello basta tomar la misa cristiana, con el sacrificio de Cristo y el sacramento de la eucaristía.

Pierre Legendre lo explica muy bien:

> Antes de ser enunciado por formulaciones jurídicas como las que practica hoy día el Occidente, lo prohibido transita por una puesta en escena que dice la verdad de la Ley del Padre. Dicho de otro modo, lo prohibido, manejado judicialmente, interviene al final de la cadena del sistema normativo. (*El Crimen del Cabo Lortie* 21)

Las sociedades van haciendo distintos tipos de montajes de lo prohibido como modo de ir armando la escena normativa. En definitiva, para que la sociedad se constituya es necesario prohibir aquello a lo que todos están tentados; es la razón de que los mitos fundacionales sean una puesta en escena del parricidio.

Representarlo mediante distintas versiones discursivas es un modo de ponerle rostro al abismo e intentar develar su carácter enigmático. Se arman discursos míticos que capturan alguna verdad sobre el crimen y nos hacen saber que matar un sujeto es también matar toda su descendencia: a sus hijos y a los hijos de sus hijos. Sujetos hermanados por el vínculo social que refiere siempre a la figura del padre como triangulación que los liga. Todo asesinato es cuestión del padre.

El cuerpo también se pone en escena

Nadie "escucha" en la declaración de esta muchacha que "el imprevisto" que le sucedió es el parto mismo. Los dolores la invaden sin que ella pueda significar lo que está viviendo. El momento del parto la saca de "la escena" de su vida, la supera como sujeto, la desborda. Tampoco puede reintegrar esa "escena" en el resto de su vida. Queda un agujero que sólo la liturgia del proceso judicial podrá quizás bordear con alguna significación. No hay apropiación alguna de ese objeto que su cuerpo lanza; menos aún, capacidad de soportarlo como hijo. ¿Cómo pensar si no el dejarlo tirado en un camino aledaño a su casa? No lo oculta, no trama una coartada; simplemente lo deja como un residuo cualquiera.

En este caso sí podríamos decir que es un feto lo que tiene en la panza. Sin ningún tipo de medida simbólica, el embarazo solo la remite a la vergüenza de un sexo inasimilable; oscura culpa por una sexualidad penada por el padre hasta límites inimaginables que aborta de esta forma cualquier proyecto alrededor de la gravidez, aun el de planificar un aborto.

Esta sexualidad traumática, inasimilable, imposible de disfrutar nos hace caer en la cuenta de una falla importante en la transmisión de la ley en este grupo familiar. Es el grupo familiar el que inscribe al sujeto en la cadena genealógica, ubicándolo en un lugar diferenciado como hijo, nieto, etc. y en un lugar que hace posible la sexualidad adulta. Advertimos que el acto de esta joven denuncia una severa transgresión en la transmisión de dichos lugares, tanto el genealógico como el sexuado, y nos remite al orden del incesto por la rotura de los lazos filiales. No se observa ninguna distancia o medida que ordene lugares en ese magma familiar.

La puesta en circulación de la ley restituye la escena

En la declaración, la joven imputada afirma que su "actitud (la de abandonar al hijo) es por el solo hecho de que sus padres no se enteraran de que estaba embarazada y por temor a represalias". Este enunciado puede servir de justificación en el contexto en el que fue dicho, pero si atravesamos la intención primera de quien lo enuncia y nos detenemos en el sujeto que se representa con estas palabras, advertimos dónde se ubica el lugar de la ley para esta joven. La única legalidad que la habita es el capricho paterno; sus mandatos apartados de un sistema de referencia, ajenos a cualquier circulación social, y por lo tanto encarnados en su persona. Abandonada a los designios parentales, cuya transgresión acarrea represalias, retaliación, venganza, por el daño ocasionado, queda reducida a objeto.

Frente a la orfandad de una ley que la ampare, esta mujer queda impedida de fundar una filiación, de incluir en una genealogía a su hija, porque no logra reconocerla como tal. Queda entrampada en la vergüenza, que en el sexo es una pasión violenta, sin poder reconocer el linaje que su gestación inaugura. La única culpa que puede reconocer es la que siente frente a su padre, obturando toda responsabilidad por la hija que lleva en sus entrañas.

El desafío para este proceso judicial es conducir a esta mujer hacia un asujetamiento a una ley que se constituya más allá de la persona del padre.

El sistema jurídico penal hace entrar su acto en un esquema de valores legales y de acuerdo con eso fija una pena determinada. De esta manera su acto no queda adherido a la venganza que el oscuro lazo familiar imponga.

No tenemos posibilidades de saber cuáles fueron los efectos subjetivos de la sanción establecida; pero sabemos que dejarla fuera de alguna sanción significaba dejarla también al arbitrio de la desmesura paterna. Capturada en la fantasmagoría de látigos y represalias, su destino no era mejor que el de Edipo.

10. 5.   Consideraciones finales

En este capítulo nos propusimos trabajar uno de los accidentes posibles de la escena en transferencia, el pasaje al acto. Este supone una caída de la escena del mundo en tanto el sujeto pierde el ancla en el Otro.

Partimos de la siguiente pregunta: ¿cómo convocar la falta en la escena analítica sin precipitar al sujeto en el abismo? En el trabajo bajo transferencia la falta se produce por efecto del amor. "Dar lo que no se tiene" permite que el analizante pueda hacer de su falta un instrumento, dejar de ser el falo para tenerlo. El trabajo clínico busca que se pierda la consistencia imaginaria sin por ello dejar caer al paciente.

Hay momentos en que, producto del trabajo analítico, la escena subjetiva, la escena fantasmática de un sujeto, se ve amenazada por un estallido de lo real, por la caída de algunos velos. La angustia invade como señal de peligro, el sujeto se encuentra al borde de la de subjetivación. Lo que debía estar velado, el *a*, se presentifica. Esta situación en muchos casos lleva a tomar al analizante de la mano, como dice Lacan, para atravesar algunos tramos del trabajo analítico. Decíamos que este tomar de la mano supone la intervención del analista en el ámbito de la escena transferencial, intervención que tiende a restituir el lugar del Otro y desde allí tender las redes que posibiliten volver a tramar una escena.

La otra pregunta que planteamos es: ¿cómo se sale del pasaje al acto? Es necesario apelar a todos los recursos imaginario-simbólicos para que una escena logre tramarse nuevamente y en ella el sujeto pueda incluirse. En los casos de serias transgresiones a la ley, por ejemplo, consideramos imprescindible la presencia del orden jurídico y la liturgia legal como recurso simbólico imaginario para reintegrar al sujeto en alguna escena.

CAPITULO 11

La escena sobre la escena

11. 1.   Introducción

El concepto de *acting out* nace referido a las actuaciones o puestas en escena que los analizantes dirigen a su analista; es un modo de expresar una verdad que no puede ser verbalizada. Este término lo propone Jacob Moreno—el fundador del psicodrama—en 1932, lo retoma Lacan en sus primeros seminarios y podemos encontrar su antecedente en el concepto freudiano de *agieren o* actuación, nombre que Freud dio al recuerdo en acto que sus pacientes repetían en sesión. Esto ya fue desarrollado en los capítulos III y IV de este trabajo, de modo que en adelante profundizaremos este tema en la obra de Lacan. Cuando trabajamos sus textos sobre *Hamlet*, en los *Seminarios 6* y *10*, tuvimos oportunidad de ver el desarrollo que realiza en relación con "la escena sobre la escena", nombre con el que bautizó el pasaje en el que el príncipe de Dinamarca, que no puede hablar sobre el asesinato de su padre, contrata un grupo de comediantes para que lo pongan en escena. Este modelo nos da la pista sobre algunos de los componentes esenciales del *acting*, que pasaremos ahora a desglosar.

Si bien, como dijimos, nace como un concepto referido a la clínica, luego se hace extensivo a situaciones fuera de su contexto.

11.2.   El *acting* es una mostración que pide auxilio

Se trata de sobreactuaciones realizadas para convocar la atención del Otro. El sujeto realiza un pedido de ayuda desesperado porque la angustia lo está acorralando y la escena se ve amenazada; necesita de esa ancla fundamental que solo quien cumple función de Otro puede dar. Esto lo podemos observar con mucha frecuencia en los adolescentes que, descuidados por la autoridad paterna y por todos sus subrogados (profesores, referentes sociales, etc.), realizan actuaciones explosivas, por ejemplo, retornan alcoholizados a sus casas haciendo mucho ruido para que los vean, o se ponen en riesgo para llamar la atención de padres y profesores. No pueden apalabrar su malestar y piden ayuda de esta extraña manera.

Lo importante por destacar en estas actuaciones es su condición de llamado o apelación, cuya peculiaridad es no tomar la forma cifrada del mensaje sino hacer mucho ruido para convocar la mirada y la escucha del Otro. Por esta razón, no se espera que el sujeto en *acting* se interrogue sobre su conducta y la ponga en palabras. Pero, a diferencia del pasaje al acto, expresado en la frase "dejarse caer", en el *acting* el sujeto todavía puede apelar al Otro y pedirle que lo tome de la mano, que lo amarre.

Otra característica es que, por su condición de desesperación y por el monto de angustia que conlleva, el *acting* tiene siempre una cierta cuota de violencia e impulsión; es una acción que el sujeto realiza sin saber por qué y no puede refrenar.

Si nos detenemos en el cuadro de doble entrada que Lacan presenta al comienzo del *Seminario 10* y que hemos trabajado en capítulos anteriores, el *acting* se encuentra ubicado en el máximo del movimiento y en la línea de la turbación y la angustia. Recordemos la manía que le sobreviene a Hamlet durante la teatralización de los comediantes; agitación motora irrefrenable, dice Lacan al respecto.

11. 3.   El *acting* en la escena transferencial

A diferencia del síntoma, el *acting-out* es el amago de la transferencia. Es la transferencia salvaje. No hay necesidad de análisis —ustedes lo dudan— para que haya transferencia, pero la transferencia sin análisis es el *acting-out*, y el *acting-out* sin análisis, es la transferencia. De esto resulta que una de las maneras de plantear la cuestión, en lo relativo a la organización de la transferencia —la organización, la *Handlung* de la transferencia— es preguntarse cómo domesticar la transferencia salvaje, cómo hacer entrar al elefante salvaje en el cercado, cómo poner a dar vueltas al caballo en el picadero. (Lacan. *Seminario 10*, 139)

Con esta puntuación Lacan nos orienta respecto del *acting* que se produce durante el tratamiento, el que surge porque algo en la transferencia está haciendo obstáculo y provoca una "transferencia sin análisis".

Esto dio lugar a que los analistas tomaran al *acting* de un paciente como algo del orden de lo inconfesable, que denunciaba alguna impericia de su parte. Sin embargo un análisis sin actuaciones sería imposible, a menos que pensemos en analizantes "obedientes" o en análisis perfectos. El *acting*, tal como venimos planteando a lo largo de esta tesis, es uno de los accidentes de la escena; es parte de su estructura, a pesar de la sorpresa que produce; pertenece a lo esencial y no a lo contingente en la dirección de la cura.

En el proceso de la cura *el acting* puede darse por diferentes razones, dignas de ser analizadas caso por caso. En términos generales, podemos afirmar que se promueve cuando el analista no está ocupando su lugar, ya sea porque algo en la escucha hace obstáculo, o porque la transferencia todavía está instalada como "transferencia salvaje" ¿Qué quiere decir Lacan con esto? Alude a esos momentos de la cura en los que, si bien hay transferencia amorosa, todavía no se estableció como una transferencia de trabajo.

11.4. El *acting out*: una interferencia entre lo real y lo simbólico

Pero también otras causas pueden provocar estas actuaciones; una de ellas es la imposibilidad subjetiva para afrontar lo traumático con recursos simbólicos, o sea, mediante las formaciones del inconsciente.

En la respuesta a los comentarios de J. Hippolyte sobre el artículo de Freud "La Denegación", incluida en los *Escritos* de 1954, Lacan está trabajando la alucinación; llamativamente, dedica un apartado al *acting out* y lo ubica en un lugar similar al de la alucinación:

Este ejemplo incumbe a otro modo de interferencia entre

lo simbólico y lo real, esta vez no uno que sufra el sujeto, sino que el sujeto actúa. Es efectivamente este modo de reacción el que se designa en la técnica con el nombre de *acting out* sin que quede siempre bien delimitado su sentido; y vamos a ver que nuestras consideraciones de hoy son de naturaleza adecuada para renovar su noción. (377)

En este comentario Lacan pone de manifiesto una de las condiciones fundamentales del *acting:* la irrupción de algo del orden de lo real —algo del orden pulsional, diríamos desde Freud— frente a lo cual, el sujeto no cuenta con los recursos simbólicos necesarios. Esta irrupción pulsional trae aparejado, obviamente, un alto grado de angustia y amenaza con desplomar al sujeto. Frente a esto, se produce una fallida mediación imaginaria, "una escena sobre la escena", una sobreactuación que permite algún tipo de velamiento, por precario que sea.

Ubicarlo del lado de la alucinación nos permite abrir una línea de trabajo en relación a las locuras histéricas.

Lacan articula, en este artículo, *el acting* con la forclusión de un significante cualquiera —no el del nombre del padre— que, una vez perdido, no retorna metaforizado en formaciones del inconsciente sino desde lo real, tomando el rostro imaginario a través de la actuación.

La intervención del analista, recomienda Lacan, no debe ser la interpretación, porque el recurso simbólico esta dificultado, pero tampoco se puede apelar a la prohibición; ¿cómo retomar el camino por el lado del síntoma? Por esta razón se torna tan importante la respuesta del analista ante el *acting;* de ella dependerá la prosecución de la cura.

Para elaborar esto vamos a tomar un recorte clínico de una analizante cuyo ingreso al análisis se da por el lado del *acting out.*

11.5. Caso clínico: ¿Te angustiaría perderme? Una loca presentación

El caso circula alrededor de graves heridas en la constitución subjetiva de la paciente, que dificultan seriamente la construcción de un lugar, de una historia; en definitiva, de una ficción que vele tanta sangre y tanta obscenidad en la saga familiar. Esa dificultad la ubica dentro de las características de lo trabajado en el apartado anterior: no hay retorno de lo reprimido al modo del síntoma o del sueño; en cambio, la pesadilla, el *acting out* y todas las modalidades de montajes al modo de la locura se encuentran presentes en los inicios de la cura. La sensación constante de desdibujarse de la escena, las coordenadas fantasmáticas que la abandonan, la dejan librada a un goce irrenunciable e irreproducible que, como un remolino, la succiona al fondo de un abismo. Encontrar postas o señales que puedan ir marcando algún camino en semejante páramo es, y seguirá siendo, uno de los principales objetivos en la dirección de la cura. (Trabajamos un pequeño fragmento de este caso en el capítulo V).

– ¿Sabés por qué no puedo pensar? –vocifera Noelia– Porque para eso tendría que borrar algunas cosas de mi cabeza. Hay cosas que no me dejan en paz ni un segundo.

Esta es una de sus frases más usadas, y busca transmitir la sensación constante de estar ocupada por fragmentos del pasado que no se borran y, por lo tanto, no dan lugar a alguna sustitución. Bajo estas condiciones, se hace difícil tramar una escena que la sostenga y que vele lo traumático, que la represión se ponga en función. Como trabajamos al principio de este ensayo (capítulos I y II), la conformación de la escena traumática como una resultante del trabajo represivo es lo que inaugura el saber no sabido del inconsciente. Pero Noelia está ocupada por fantasmas imaginarios, en un perpetuo presente, que impiden que el síntoma se forme. Su formación será uno de los primeros objetivos en la dirección de la cura.

Noelia tiene 20 años y llega a la consulta invadida por la angustia. Se presenta de un modo particular, por el lado de un exceso de excitación motora que le impide armar siquiera un relato a modo de presentación; en cambio, arrastra promiscuos fantasmas a los que no logra velar para encontrar algo de paz. Dice que con esta primera entrevista da por concluido un tratamiento anterior, al que describe en los siguientes términos: –Ya no daba para más-

En la primera entrevista habla de masturbaciones irrefrenables, de abandono, del no lugar que se le otorga en su casa, de padres viejos y sordos, de habitaciones compartidas, de los padres haciendo el amor en la cama contigua. Su lenguaje verbal está continuamente interrumpido por señas, mímicas e interferencias de todo tipo que hacen dificultosa la escucha. Salta de un tema a otro en un desorden que obstaculizaba seguir la ilación del discurso. Continuamente me encuentro preguntándome si está loca o se hace la loca.

El relato es desembozado y dice cosas terribles sin el acompañamiento de angustia que se esperaría, como si el montaje "loco" ocupara su lugar.

Acompañan "la puesta en escena" el pelo teñido de verde y morado, y un inicio de la sesión en el que dice que lo primero que recuerda de su vida es un toldo verde y una habitación sin ventanas. En muy pocos momentos, Noelia fija la mirada y habla al modo del relato.

El *acting out* preside el inicio

No asiste a la segunda entrevista y luego llama para decir que estuvo internada y para pedir un nuevo turno. Cuando acude al consultorio, cuenta que vació un frasco de pastillas en su estómago, luego de lo cual llamó a "su ex psicóloga" para decirle lo que había hecho. Relata esta situación también con un dejo de indiferencia y desparpajo. Comienzo a percibir que su estrategia es que la angustia quede del lado de su interlocutor.

Hicieron falta algunas sesiones para que reconociera que había tomado muy pocas pastillas antes de llamar a la ex psicóloga, y que solo cuando se aseguró de su llegada vació el frasco en su boca. Esto ubica su intento de suicidio del lado del *acting out*, como un llamado al Otro. Calculó perfectamente los tiempos en la ingestión de las pastillas, con lo que solo quería concitar angustia y convocar la atención.

El *acting out* es en sí mismo una provocación al otro para que se establezca en su lugar de Otro. Es, claro, un momento límite, en el que el significante se ausenta y da lugar a la espantosa emergencia del objeto. ¿Por qué el corte con su terapeuta solo podía lograrse ofreciendo una libra de carne?

En la primera entrevista —dijimos— había relatado que con ese pedido de consulta daba por terminado un tratamiento anterior atravesado por episodios pasionales en la transferencia. Esta situación, por cierto, había sido alimentada por la psicóloga, quien, según refiere la paciente, le había pedido que se fuera porque ya no la aguantaba. Ese tratamiento, que llevaba cinco años, circulaba por momentos en que Noelia podía cuidar los hijos de su terapeuta, o esperarla horas y que esta no llegara. La muchacha dice que acostumbraba hablar a su psicóloga a cualquier hora, lo que podía suscitar que la consolara de sus males o que la retara por desubicada. No había, ni siquiera, un encuadre en la relación terapéutica.

Para hacer un corte, necesitaba hacerle saber al Otro de su angustia, necesitaba preguntarle "¿puedes perderme?". Hay un acto de sacrificio en el corte. Marta Gerez Ambertín, en el texto *Entre deudas y culpas: sacrificios*, firma:

> Así, el sacrificio pretende en un solo movimiento dos operaciones: captar la falta del Otro, y al mismo tiempo taponar dicha falta, dicha inconsistencia o, extremando nuestra posición, la inexistencia del Otro. Es una garantía de que el Otro existe y que el sujeto no le es prescindible. (127)

Noelia asume la falta de su terapeuta y escenifica las palabras de ésta cuando le dice:

—Sos insoportable.

De esta manera repite compulsivamente el abandono estructural del que es objeto.

En este punto podríamos leer el *acting* como una provocación a su ex psicóloga, porque Noelia actúa su salida de la terapia como un portazo o una estampida, pedido desesperado a un Otro de que se sitúe en un lugar de escucha, que se sitúe en un lugar Otro. Pero el pedido no se ejecuta como un llamado sino que toma la forma de una provocación.

No podemos dejar de advertir que el desafío se desliza de su ex terapeuta hacia su nuevo proceso de análisis y, más específicamente, a la persona del analista. A modo de amenaza, está advirtiendo cuáles son los peligros de abandonarla: se mata. Esta amenaza repercute en mi escucha de analista y me hace advertir, con toda claridad, que si la tomo en análisis corro el riesgo del pasaje al acto antes de poder intervenir siquiera, y si no la tomo, la dejo abandonada al borde del abismo. Con muchos recaudos, decido aceptar el reto. Tiempo después, entiendo que ésta es la encrucijada constante en la que esta joven pone a los otros. Marcada por el abandono y por la falta de lugar en la familia, se encuentra fantasmáticamente al borde de la escena siempre y sobreactúa compulsivamente escenas en las que es expulsada. Este será el límite puntual sobre el que transcurrirá todo el proceso analítico. Si ella logra que la angustia caiga sobre mí, cede la responsabilidad por sus actos y su caída es un problema mío. ¿Cómo deslizar algo de la responsabilidad sobre ella si su camino predilecto es el *acting*? ¿Cómo situar límites sin que los cortes sean leídos como expulsión?

Lacan es muy claro al respecto: el *acting out* no puede ser sancionado ni interpretado; menos aún prohibido. Si se lo sancionara, elevaría la apuesta superyoica, al igual que la prohibición; y la interpretación, es inútil cuando alguien se salió de la trama discursiva.

Encarrilar la trama discursiva

Las maniobras que realizo y sostengo a lo largo de mucho tiempo son fundamentalmente dos. Una interviene a nivel del discurso: planteo que no le entiendo lo que dice, y le pido que se detenga y retome. Cuando deja frases inconclusas lo pongo de manifiesto; lo mismo frente a sus interjecciones. En definitiva, la responsabilizo de su decir. La intervención busca que algo de la ley comience a circular y que algún ordenamiento se vaya instalando en la transferencia.

Por otro lado, le planteo que haría algunas entrevistas para evaluar si es posible que llevemos adelante un tratamiento analítico. Este pacto se reedita de otras maneras en distintas circunstancias. Es la única forma que encuentro de maniobrar en este caso dejando del lado de ella alguna responsabilidad con el trabajo de análisis. Con estos pactos reiterados, una legalidad se instala en la transferencia. Seguir el tratamiento no depende del capricho del analista sino de ciertas condiciones que deben estar presentes para que el trabajo sea posible.

La pregunta que me desvela en este caso es: ¿cómo "tomarla de la mano" y no "dejar caer", sin por esa razón asumir responsabilidades que le corresponden a ella? ¿Cómo hacerlo sin que ese tomar de la mano confunda e incite a la viscosidad de lazos que ella plantea y convoca?

Las maniobras que señalo pretenden encontrar un semblante imaginario, vía la culpa, para que alguna responsabilidad subjetiva recaiga sobre ella. Con relación a esto Gerez Ambertín afirma que la culpa, aun desde su registro imaginario, facilita:

> dibujar un semblante, un contorno que permite despejar la
> angustia; y si hay un contorno entonces es posible, desde el
> campo del significante, hacer una apelación, hacer de
> alguna manera metáfora de "eso" que retorna de lo real ya
> que, a partir de allí, es viable regatear el goce y posibilitar
> que el sujeto, apostando al deseo, pueda subjetivizar la
> falta. Puerta que, probablemente puede abrirse para
> favorecer un pasaje, desde las estratagemas del sujeto
> culpable, hacia el sujeto responsable. (*Entre deudas y culpas:*
> *sacrificios* 129)

Esto supone que la culpa, a pesar de su pasión de ignorancia, es un camino para dar un rostro a la angustia y abrir alguna interrogación.

La escena entre lo imaginario y lo real

Decíamos, en capítulos anteriores, que el trabajo de análisis se plantea sosteniendo la escena sin dejar de convocar, simultáneamente, la falta que horada la escena. Como en el cuadro de *Los Embajadores,* procurando, como dice Slavoj Zizek en el libro *Mirando al sesgo* "la metáfora de la anamorfosis, cuya lógica es muy distinta: se trata del detalle de una pintura que mirando de frente parece un punto borroso, pero si la miramos al sesgo, desde un costado, asume formas claras y distintas" (28). La percepción de ese detalle produce que el cuadro entero cobre una nueva significación, la escena que plantea es otra a partir de ese dato. Si el cuadro *Los Embajadores* muestra las vanidades de la época con todos los adelantos que la ciencia proveía —brújulas, astrolabio, etc.— el pequeño objeto que sobrevuela la escena, que no parece tener importancia alguna, mirado al sesgo al salir de la sala y dar el último vistazo, se revela como una calavera que echa por tierra todas las vanidades, al presentificar la castración. En esto consiste el trabajo de interrogar las escenas que el paciente recorre, convocando a la vez la castración.

Retomando el caso clínico que analizamos, el montaje imaginario que Noelia creaba tenía tal consistencia que no era tarea fácil poner en cuestión la escena, con el riesgo, además, de que se desplomara junto a ella. Por eso la apuesta con ella es la palabra. Con el correr de las sesiones algo de toda esta actuación comienza a tomar forma discursiva mientras el resto sigue su curso. Las sesiones transcurren con inconvenientes. Noelia intenta probar incesantemente si puede sacarme de la neutralidad y para ello monta escenas con mil y un artilugios en forma continua; por ejemplo, sigue dejando palabras y frases inconclusas, invitándome a que sea yo quien las concluya. Quien pone el punto es, en definitiva, el que produce el sentido. Ella me tienta, me tiende trampas para que yo complete o me exaspere, participando al fin, de cualquier modo, en el convite. Su mirada es inquisidora; está pendiente de mis más mínimos gestos, me interroga, quiere saber de mi vida. Y la falta de respuesta no es un obstáculo para continuar; por el contrario, incita su apetito. Reclama que la bese a modo de saludo cuando llega o cuando se va. No acepta la negativa e insistentemente pone el rostro cada vez que entra o se retira. Esta escena cobra mayor dimensión si en la sala de espera hay otro paciente, por supuesto, ya que el espectáculo es su hobby favorito. Se retira enojada y a la media hora regresa; se prende del timbre hasta que salgo y me pide perdón por lo que hizo, que la disculpe. Dice que ella es muy mala, que es insoportable, pero que en ese momento no puede controlar la furia que mi negativa provoca. Otras veces hace la misma escena por teléfono: llama continuamente hasta que alguien atiende, supuestamente para pedir perdón, pero en vez de ello se queda muda, obligándome a soportar los eternos minutos de silencio o a cortar. Cortar supone que el circuito se reinicie.

Dar cuenta de cuáles eran las maniobras usadas sería infinito. En síntesis: en un principio no había demasiado margen; la transferencia estaba instalada de manera salvaje y había que poner a dar vueltas el caballo en el picadero como afirma Lacan en el *Seminario 10*. En esta chica, el *acting* parecía el único camino posible para iniciar un análisis. El desafío estaba de mi lado; debía procurar que la neutralidad no vacilara, que las pasiones no despertaran y que la apuesta fuera discursiva.

La primera pantalla

El trabajo de análisis comienza a pacificarla, algo de la angustia cede y con ella, las actuaciones. La estrategia transferencial de contener, no dejar caer pero al mismo tiempo mantener una estricta legalidad del encuadre, hace que Noelia se apacigüe y que la palabra se instale en la sesión por sobre lo escénico.

Trae para trabajar un recuerdo encubridor que se establece como una pantalla para velar lo traumático. Encuentra en él una forma de condensar la situación de abandono; lo introduce mediante el relato y luego de dedicarle una sesión completa, produce una composición escrita con él, que trae a sesión.

Relata que cuando tenía cinco cortos años, estando de vacaciones con su familia en una villa veraniega, sale a caminar sola y en el camino se pierde. Pasa muchas horas dando vueltas, extraviada, entre callejuelas iguales hasta que una señora lo advierte y la ayuda a regresar; ya a la puesta del sol la deja en la puerta. Para su sorpresa, la niña descubre que nadie había reparado en su ausencia; tampoco en su regreso. Esto la hace recordar largas horas pasadas escondida en placares o bajo la cama para ocultar un lastimado que nadie repararía. Era ese encuentro con la indiferencia el que la llevaba a esconderse. Eso sí, nunca había renunciando a la ilusión de que alguien se inquietara por su ausencia.

Producción poética de la paciente:

Hay una niña escondida detrás de la mesa. Debajo de la cama
Arriba del árbol. Detrás del refrigerador. Debajo de las sillas.
Ahora.
Se está cayendo de una hamaca. Está en la ventana, se lastima con un vidrio.
Se esconde dentro del baño.
Donde no hay nadie. "X" busca debajo de la cama. Debajo de la mesa. En el jardín solo hay flores secas.

"X" se acerca y me dice que me baje del árbol, Que me convertiré en pájaro.

"X" no sabe que alguien salió, que son las 20:00 P.M. y no regresó.

Que olvidó la dirección, que está en la hamaca, que aquel no era un lugar demasiado familiar, que alguien se acerca, que yo le digo, y que alguien me pregunta. La calle es larga y oscura... se esconde dentro del baño. Se lava las rodillas peladas no dice nada.

Oigo lo mismo todos los días, a cada instante, no puedo parar de oír. La silla otra vez

La mesa no, abajo. ¿La lámpara se enciende otra vez? Se cierra la puerta otra vez, Donde no hay nadie.

"X" no está, "X" me dice: los fantasmas no existen. (*)

(*) "Tres observaciones deben hacerse a propósito de los juegos del lenguaje. La primera es que sus reglas no tienen su legitimación en ellas mismas, sino que forman parte de un contrato explícito o no entre los jugadores (lo que no quiere decir que estos las inventen). La segunda es que a falta de reglas no hay juegos, que una modificación incluso mínima de una regla modifica la naturaleza del juego, y que una jugada o enunciado que no satisfaga las reglas no pertenece al juego definido por éstas. La tercera observación acaba de ser sugerida: todo enunciado debe ser considerado como una "jugada" hecha en juego". Roland Barthes

Cambios en los tiempos verbales, cambio de la primera persona y finalmente la cita de Barthes dan cuenta de la confusión subjetiva de esta muchacha, desconcierto que no le permite representarse sino a través de sus locas actuaciones. La cita de Barthes es muy sugestiva frente a la estrategia de entrada en análisis.

¿Puedes perderme? es la pregunta que obsesiona a Noelia. Continuamente se esconde: si se lastima, se esconde; si llora, se esconde; si está dispersa, se esconde. Pero siempre tiene un solo propósito: saber si alguien reclama por ella.

Esta experiencia infantil de deambular perdida por un lugar desconocido, su llegada a la casa al anochecer luego de una importante travesía y, más aún, que nadie hubiera reparado en su ausencia, redundan en una secuencia muy traumatizante. Esas mismas escenas se repiten, de una u otra forma, en su fantasmagoría infantil.

El recuerdo y la producción de la poesía se constituyen efectivamente en una pantalla que empieza a poner freno no solo a las actuaciones en las sesiones sino también a uno de los *actings* más peligrosos que realizaba: deambular de noche por la cuidad, circuito que se disparaba cuando captaba algún rechazo del otro.

La saga familiar

Víctima del abuso que supone poner a una hija como espectadora de las relaciones sexuales paternas, lleva consigo todas las marcas del incesto. Pecados del padre que trascienden aquello que designamos como fallas estructurales de la Ley. En este caso, estamos frente a una forma transgresiva de la transmisión de la ley. Como Edipo, Noelia carga sobre sus espaldas los pecados de un padre y de una madre que no renunciaron a su goce. Compulsada por una deuda de sangre, no puede frenar el ofrecimiento sacrificial para expiar el crimen genealógico que la estigmatiza. No hay medios para establecer lazos de amor; se suspende el registro simbólico y con él la posibilidad de sustituciones: las ofrendas, los caminos del don también están obturados. Esto produce que sus relaciones se tornen siempre viscosas, empastadas por las huellas del incesto. No tolera a sus padres ni su casa, pero al mismo tiempo se traba con ellos en lazos obscenos.

Toda relación con ella toma este ribete pegajoso que la torna insoportable. Conduce al otro a ese extremo de optar entre soportarla en su derramamiento y aceptar su falta de límites, o impulsarla al pasaje al acto, desafío constante con el que me veía enfrentada en la dirección de la cura.

La música hace escena

Noelia se dedica a la música; podríamos afirmar que es su único lugar en el mundo. Hablar de música en las sesiones es el camino que encuentra para amortiguar el dolor. Trae fragmentos musicales de su autoría para trabajar a partir de ellos en sesión. Acompañada con estas piezas puede ir tramando de a poco su historia. Como en una rapsodia —composición libre integrada por fragmentos—, hilachas de historias se van hilvanando hasta armar algún mito que la sostenga.

Canta, tararea y habla entre canciones y relatos que se remontan a la vieja Europa, integrándose así en una causalidad genealógica que la ubica y la instituye en un orden fálico. Esta rapsodia empieza a dar cobertura a lo real, pero, a diferencia de sus montajes imaginarios, estas escenas compuestas desde la música y la historia se organizan al modo de lo simbólico y desde allí sostienen la subjetividad.

Atrapada en pesadillas constantes, esta joven no podía trabajar sus sueños; menos aún asomaban lapsus o chistes en semejante descalabro discursivo, y el lugar del síntoma estaba ocupado por la sucesión de *actings*. En definitiva, la neurosis estaba suspendida.

El recurso a la música abre un camino simbólico que permite al inconsciente volver a trabajar. La rapsodia da lugar a que las formaciones del inconsciente retornen, produciendo el alivio concomitante al sujeto del deseo.

La escena del sueño pone rostro al abismo

Como señalamos, la pregunta que la perturba es: ¿puedes perderme? y la actualiza en cada una de sus locas escenas. Es coaccionada pulsionalmente a repetir ese fantasma que la ubicó como prescindible en la saga familiar.

Será un sueño, como cobertura al real que la empuja por fuera de la escena, el que nos ubique respecto de este fantasma. Lo relata así:

—Iba bajando por un camino escarpado y de cornisa, con un niño de la mano. Llovía mucho y el agua subía como en las inundaciones, yo tomaba al niño en brazos para que no se ahogara. Después estaba en un camino donde había una gruta, de esas que hacen cuando alguien se muere en un accidente en la ruta. Ahí sentada estaba una mujer. Yo le hablaba, le decía que nos fuéramos, el agua seguía subiendo, ella estaba como ausente, como si no me escuchara. Me cansaba, tomaba el niño en brazos y me iba.

Cuando la invito a asociar dice que el niño es su hijo, que es el tercero que tiene en sueños. Asocia esto con una situación en la que tuvo miedo de estar embarazada.

—Si eso me pasaba, no hubiera podido decidir qué hacer, me hubiera largado a caminar, para cualquier lado. Ni sacármelo, ni tenerlo.

—La mujer que llora es mi mamá, llora por la chiquita muerta.

—¿Qué chiquita muerta? –pregunto sorprendida.

—¿Cómo, nunca te dije que antes de mí había una nena muerta?

Comienzo a interrogar sobre las causas de la muerte, el tiempo entre la muerte y su nacimiento, el nombre de la niña, etc.

—Estaba embarazada y creo que se le pasó; nombre no tenía, sí nació muerta. Mi papá no quería hijas mujeres porque hacen sufrir mucho.

—No sé, pero me parece que ni ropitas había para ella.

Interrogo sobre su lugar de entierro, sobre la tumba, y para mi sorpresa dice creer que no la enterraron, ella no sabía que hubiera una tumba para su hermana.

Ubicada en serie con la muerta, Noelia queda siempre amenazada de ser devorada por estos padres.

¡Cómo no estar ubicada al borde de la escena con la historia que la antecede! ¡Para colmo, una historia no "historizada" en el relato familiar! Solo queda flotando la advertencia: "mi papá no quería hijas mujeres porque hacen sufrir". Solo hay una muerte que no logra inscribirse en una tumba, ni en la novela de esta familia; el silencio ocupó su lugar. ¿Será para que no queden rastros del "descuido"? ¿Mejor dejar que se sumerja en lo real? Podemos consignar esto en la categoría del accidente o inscribirlo, tal como Noelia lo armó en su fantasía, como un "puedo tirarte, devorarte, como a un objeto de mi propiedad": las hijas mujeres quedan libradas al capricho paterno.

La "locura" de Noelia quedó como el único testimonio de aquella desmesura, muchas escenas sobrecargadas eran necesarias para tapar los graves pecados del padre.

El sueño como formación del inconsciente y envoltura del síntoma pone límite al *out*, a aquello que puede, riesgosamente, quedar fuera y retornar de lo real. Se encaminaba así la dirección de la cura por las vías de la neurosis.

11.6. Consideraciones finales

En este caso vemos claramente la diferencia entre dos tipos de escenas:

1-Por un lado, la que se construye desde lo simbólico y lo imaginario, como la del sueño y la del recuerdo encubridor, o, incluso, aquella que se arma desde una producción literaria.

2- Por el otro, la del *acting out*, que se produce como último recurso para velar, fallidamente, lo real con una escena imaginaria, a pesar de lo cual lo pulsional se muestra en tanto hay algo compulsivo que la escena deja traslucir.

Lacan lo plantea así:

> El *acting out* es esencialmente la demostración, la mostración, sin duda velada, pero no velada en sí. Sólo está velada para nosotros, como sujetos del *acting out*, en la medida que eso habla, en la medida que eso podría hacer verdad. Si no, por el contrario, es visible al máximo, y por ese mismo motivo, en un determinado registro es invisible, al mostrar su causa. Lo esencial de lo que es mostrado es aquel resto, su caída, lo que cae en este asunto. (*Seminario 10*, 138)

En este juego de mostrar para invisibilizar justamente lo que muestra, un real, algo del objeto *a* allí se presenta en su obscena desnudez. La pulsión aparece descarnada en la violencia y la angustia que la escena revela, pero al mismo tiempo, y a pesar de su precariedad, esta mostración, esta escena sobreactuada, termina siendo un recurso posible para tapar, en parte, un real insoportable. No deja de ser un intento, por momentos desesperado, de pedido de auxilio a un Otro al que el sujeto necesita ubicado en su lugar de escucha. Noelia no encontraba otra manera de pedir sostén en esta perpetua caída donde la saga familiar la deja ubicada.

Tal como este caso nos revela, con estos pacientes que se presentan con la "mostración" del *acting out*, no es simple retomar los andariveles de la neurosis y armar una escena subjetiva desde la cual se sostengan. La transferencia, como arma privilegiada de la clínica psicoanalítica, será la que marque el rumbo de las intervenciones, la única brújula en estos casos de tan complicada remisión, y que requieren, quizás con más urgencia que otros, intervenciones fuertes en el ámbito de la escena transferencial. Suponen tomar de la mano, sin que esto se confunda con una relación maternizada por parte del analista.

Por esta razón retomamos la cita de Barthes que Noelia incluye en su poesía, nada más ajustado para esta ocasión.

(*) "Tres observaciones deben hacerse a propósito de los juegos del lenguaje. La primera es que sus reglas no tienen su legitimación en ellas mismas, sino que forman parte de un contrato explícito ó no entre los jugadores (lo que no quiere decir que estos las inventen). La segunda es que a faltas de reglas no hay juegos, que una modificación incluso mínima de una regla modifica la naturaleza del juego, y que una jugada ó enunciado que no satisfaga las reglas no pertenece al juego definido por éstas. La tercera observación acaba de ser sugerida: Todo enunciado debe ser considerado como una "jugada" hecha en juego".

CAPITULO 12

La escena del mundo o el espectáculo del mundo

12. 1.   Introducción

La vida humana, en tanto vida instituida, está atravesada por las cicatrices de su época. No es inocente la elección del término cicatriz; con él se pone de manifiesto la herida que la cultura produce en la carne humana cuando la apresa, cuando se inscribe en ella. Con estas marcas indelebles e inevitables da cuenta de que el significante se inscribe en el cuerpo; el cuerpo se vuelve espacio teatral, objeto de la representación anclado en la palabra. Y la palabra desdobla el cuerpo alienándolo de sí mismo y condenándolo a vivir representándose en un mundo puesto en escena. Es así que el soma queda asumido como imagen; incluso, podríamos profundizar diciendo "imagen instituida".

12. 2.   La ley sutura el desgarrón

Esta desgarradura del humano entre el cuerpo, su imagen y su nombre, entre el cuerpo y la psiquis, entre el cuerpo y el alma, o como elijamos denominarla, solo logra sutura mediante un montaje, una tramoya que la cultura arma para ligar lo inconciliable. Artificio que hilvana el desgarrón, a pesar de lo cual siempre quedan marcas de la herida primitiva.

El sujeto, exiliado para siempre del mundo y de su cuerpo, queda condenado a la palabra para relacionarse, y este lenguaje se convierte en la pantalla a través de la cual tiene acceso a "su realidad", ese montaje en el cual cree estar viviendo. El recurso a la palabra, al signo, a la representación, produce la desmaterialización del cuerpo y del mundo.

La brecha entre las palabras y las cosas, entre el cuerpo y su imagen, entre el cuerpo y el nombre, entre el mundo y su escena, entre el significante y el significado, dijimos, queda zurcida por la ficción de la cultura, pero se hace necesario que esta ligazón responda a una legalidad que dé cobertura a la unión. Usamos la palabra cobertura para referirnos a la garantía, al reaseguro que supone para esta operación el estar sujeta a una ley, pero también a la cubierta o al velo que recubre el tajo. Se trata, pues, de una legalidad que al mismo tiempo garantiza y vela el lazo entre el hombre y la escena del mundo, articulando lo subjetivo con lo cultural.

Este sistema normativo se instala como el tercer elemento indispensable para el ensamble que hace posible la vida humana, pero también es un lugar de poder, a partir del cual los hombres y el mundo se ordenan y responden a los modelos que edifican los demiurgos de turnos. Hace que los lazos se mantengan firmes, pero el equilibrio es lábil y se encuentra continuamente amenazado por el efecto catabólico que el poder tiene sobre la ley.

La cultura arma las tramoyas, pone el mundo en palabras e imágenes para tornarlo habitable. Así como el espejo es el sitio donde el sujeto arma la ligazón entre la imagen y el cuerpo, amparado por la legalidad de la mirada aprobatoria del Otro, la cultura monta los espejos donde los sujetos se reconocen, amparados por su mirada instituyente. Ubica a los sujetos en la escena del mundo y los cobija bajo su manto, como la mirada de los padres en el espejo. Pero sabemos que en ambos casos dicha afiliación no es gratuita; por el contrario, se fija una renta por el lugar otorgado.

"La cultura es la ficción de un Espejo, que reflejaría la verdad del mundo y donde, en virtud de esta mediación, el sujeto tributario de la cultura contempla a su vez esta imagen; el sujeto se apropia de esta verdad del mundo, la hace suya, se reconoce en ella" afirma Pierre Legendre ("Lo que occidente no ve de occidente", 112). Este espejo que la cultura le ofrece al hombre funciona como "La Verdad" sobre el mundo, y el sujeto, que necesita de esa verdad para vivir, establece con ella un vínculo de creencia como condición indispensable para habitar el mundo.

Tendremos, entonces, que dilucidar cómo soporta el hombre esta división. Por momentos cree en la escena del mundo, cree que su imagen es él mismo, pero desde el absoluto convencimiento de que se encuentra parado en un mundo de ficción. El péndulo entre la ilusión y la desilusión, entre la creencia en el Otro y la seguridad de que no existe es lo que define la relación entre lo sabido y lo in-sabido, entre lo consciente y lo inconsciente. Comprendemos así cómo la herida del significante condena la vida del hombre a la representación y por lo tanto lo exilia de la verdad, a la que solo accede cuando logra atraparla en las redes de la ficción. La verdad se escabulle entre la escena y "la otra escena" —así llamó Freud, magistralmente, al inconsciente—, se desliza y se esconde en la historia y en los mitos de los pueblos; o, en el arte, que con su creatividad logra, como el sueño, atravesar los espejos y hundir sus raíces en el pantano de lo indecible. Uno de los objetivos que nos planteamos en este libro es analizar la tramoya que monta la cultura actual, para inferir desde allí los efectos subjetivos que producen las nuevas formas de lazo entre el hombre y el mundo, esas formas de la imagen del mundo que van construyéndose, como plantea Legendre, desde los montajes publicitarios, el marketing político y el poder de la televisión. Discursos e imágenes se van apoderando del espejo y ubicándose en el lugar de la verdad. El problema no son los espejos ni los montajes escénicos, porque, tal como venimos desarrollando, son fundamentales para que la vida humana sea posible. Se tornan peligrosos cuando pierden pie en lo simbólico. Son peligrosos estos espejismos si tomamos en cuenta que los espejos funcionan como el tercer término, como A, en la ligazón entre el hombre y mundo, término que se ubica estructuralmente como sistema normativo que da cobertura a esta unión vital.

12. 3. La fascinación de lo especular

Los espejos multiplican, reproducen, fijan indefinidamente las imágenes de la escena mundana, reafirmando identidades. Ahí radica su poder hipnótico sobre los sujetos: generan la ficción de contener todas las respuestas a los múltiples enigmas que puedan plantearse; con su brillo, parecen responder a la imposible unificación de una identidad. Este espejismo de respuestas sumerge al hombre en una realidad virtual fascinante; sobre su pulida superficie todo es brillo. Allí las preguntas tienen una respuesta que va amoldando al humano a su realidad virtual, haciéndolo más dócil. A medida que produce fe en las imágenes, la ilusión va conformando la certidumbre en la propia identidad; y como buena religión no necesita comprobaciones, invita a la adhesión.

Pero este mismo espejo lleva la marca primitiva, la que condenó al sujeto a alienarse de sí mismo; y en este punto todo espejo amenaza desde algún lugar con el encuentro con lo siniestro. Propone el encuentro con los primitivos lazos identificatorios, recordando nuestra dependencia del semejante, manteniendo siempre presente la tensión agresiva con los congéneres. Porque al mismo tiempo que sostiene la identificación recuerda la alteridad y la distancia de cada uno consigo mismo. Deja al descubierto la desgarradura. Además, el sitio del espejo invita a reparar la herida, a reconocerse en la propia imagen y solucionar de alguna manera la crisis con la identidad. Por esta razón quien maneja los espejos detenta el poder sobre los sujetos y fue así desde el principio de los tiempos.

12. 4.   El Otro en el espejo

Trampa llena de magia, el espejo es uno de los lugares más peligrosos para los sujetos y para los pueblos cuando el juego de hipnosis queda disyunto, como dijimos, de una legalidad, única garantía para esta operación identificatoria. Lo vimos: ni la escena del mundo se sostiene solo desde lo imaginario, ni la ligazón entre la imagen y el cuerpo es solo un juego de espejos; para que estas operaciones tengan eficacia, tienen que estar en continua referencia al Otro de la Ley.

En el *Seminario 10*, refiriéndose al sostén legal, Lacan retoma el momento paradigmático en que el niño sostenido por el adulto frente al espejo gira su mirada jubilosa hacia el Otro para que testifique la identificación, pero advierte: "Si la relación que se establece con la imagen especular es tal que el sujeto está demasiado atrapado en la imagen para que ese movimiento sea posible, es que la relación dual pura lo desposee de su relación con el Otro con mayúscula" (134). Son los riesgos del juego metonímico de multiplicación que propone el espejo y del que la psicosis da cuenta acabadamente.

Los espejos, insistimos, no son arriesgados por sí mismos, pero se vuelven altamente destructivos cuando capturan al sujeto en su brillo y, al modo de Narciso, lo invitan a abalanzarse en el fondo del abismo.

12. 5.   La sociedad del espectáculo

Ahora bien, las sociedades actuales, tan bien bautizadas por Guy Debord como sociedades del espectáculo, producen sujetos parasitados de imágenes y víctimas de los vaivenes imaginarios que el gran escenario social ofrece; y son esas imágenes las que dominan el pensamiento y no al revés. Estas sociedades van perdiendo el ancla, víctimas del arbitrio de leyes del mercado que ordenan gozar.

> El mandamiento del superyó ha cambiado el enunciado cuando se dirige al sujeto de la postmodernidad. Ya no se le exige la resignación de la pulsión y el relegamiento de la sensualidad sino todo lo contrario, se le ordena disfrutar, consumir, dedicarse a esos 'bajos placeres' que Moisés denigraba como inferiores. Lo que era idolatría es ahora requerido como credencial de identificación de alguien que vive según las nuevas tablas de la Ley, que participa y obedece no a los mandamientos mosaicos sino a las leyes del mercado, esa abstracción que ha sustituido en el mundo contemporáneo al Nombre-del-Padre. La ley, hoy, es la que ordena someterse al imperio de las Imágenes. (Braunstein, "Freud y Schöenberg. La prohibición mosaica de la representación y la renuncia pulsional", 10)

Esta llamada ley del mercado, pero que por efecto de especulación deja de ser una ley —porque esta especulación se vuelve algo que no tiene nada que ver con el valor— es una forma de destrucción del valor mercado. Ya no hay equivalencia alguna y produce un efecto caótico; por lo tanto, deja de funcionar como ley de regulación y termina por dejar a los sujetos y las sociedades capturados en una especularidad que los desposee de todo lazo regulado. Roto el nexo con un sistema normativo, la violencia avanza sin posibilidades de amarras.

12. 6.   Cuando la escena no se monta

El cumplimiento de todos esos mandatos se torna urgente e imprescindible para el sujeto contemporáneo, quien capturado en un mundo de imágenes devalúa el recurso a la palabra; entonces toma preeminencia lo mostrativo sobre lo discursivo. Por eso, y dadas las marcas de la época en la subjetividad, consideramos que el tema adquiere hoy, cuando se hace muy difícil hablar de ficciones, inusitada relevancia. En un mundo en el que va quedando cada vez menos espacio para la palabra, para escuchar y ser escuchados, para inventar y contar cuentos, las ficciones se aplanan. En los consultorios se pasea la angustia desnuda porque faltan palabras para arroparla.

Cuando hablamos del sujeto de la ficción nos referimos a un sujeto incluido en su mundo, deseado, soñado, amarrado a una historia a través de cuentos, caricias y miradas en un entretejido simbólico que inscribe en un linaje, en una nacionalidad, en unas raíces.

Nuestro mundo globalizado no quiere respuestas creativas; exige respuestas eficaces, óptimas. Solicita un sujeto objetalizado a su medida, no contempla ni soporta las diferencias, termina por no dar lugar a que se arme un hombre o una mujer. Asistimos estupefactos a la generación de personas que parecen no tener vida interior, "jardín interior", parafraseando a Julia Kristeva. "Curados" o expulsados de la ficción de ser humanos, buscan objetos eficaces en la tecnología para satisfacer sus necesidades. Son sujetos que no pueden dar cuenta de lo que les pasa, no pueden contar sus historias. Llegan a la consulta solicitando ayuda, pero lo único que ofrecen es su malestar localizado en el cuerpo, con un monto de angustia que amenaza hasta el desborde de la escena mundana. Y como analistas nos vemos llevados al intento de tramar una escena en la cual puedan sostenerse y representar su angustia fuera del espacio somático. En definitiva, al decir de Freud, encontrar los recursos para que "la otra escena", la del inconsciente, se ponga a trabajar.

Frente a la demanda de respuestas absolutas que impone el Otro, domesticadas según los intereses del sistema, algunos discursos, como el del psicoanálisis, todavía ofrecen lugar para sorprenderse y cobijar la declaración del sujeto del deseo. Y esos lugares que resguardan la subjetividad, el intercambio de palabras, significantes e imágenes posibilitan al hombre organizar sus propias escenas para demarcar el abismo de la angustia de existir. De esta forma, la tensión agresiva se vehiculiza simbólicamente y no mediante el pasaje al acto criminal o suicida, mientras el miedo y la angustia toman formas localizables que sirven de vallas para demarcar límites y no necesitan localizarse en el cuerpo como enfermedades psicosomáticas o aparecer en esos indiscriminados "ataque de pánico" (eufemismo con el que se nombra actualmente el desborde de angustia).

El arte es otra de estas formas privilegiadas, porque, en definitiva, brinda argumentos, dona imágenes para que el sujeto pueda apalabrar y dar forma a su dolor de existir. Cuando se desvanecen las capacidades discursivas, desdibujándose los dichos del alma, la actividad creativa es uno de los refugios privilegiados para que la subjetividad resista desde su deseo a los mandatos que reclaman eficiencia. Resulta muy rico interrogar las producciones artísticas, porque en ellas se encuentran algunas verdades de la subjetividad de la época; permite continuar con un diálogo que la práctica psicoanalítica mantuvo desde su nacimiento. Tal como plantea Jacques Rancière en *El Inconsciente estético* el arte no es un objeto del psicoanálisis como cualquier otro. "Es un lugar de la querella de racionalidades en cuyo seno el psicoanálisis nació y debió redefinir constantemente el sentido histórico de su práctica" (9). El diálogo entre el arte y el psicoanálisis abierto por Freud y continuado por todos los posfreudianos, como también por Lacan, nos lleva a preguntarnos por el sujeto actual y su imposibilidad de representación como un efecto que queda latiendo desde siglo XX, tal como lo desarrolla Gérard Wajcman en su trabajo "El arte, el psicoanálisis, el siglo":

> La función que Lacan le asigna al arte 'eso a lo que el
> artista nos da acceso, es el lugar de lo que no podría verse'.
> Lo que viene a fijar al arte una suerte de tarea específica
> esencial, diversa en cuanto a las formas que puede tomar
> según los tiempos, las doctrinas y los artistas, pero que

nada ni nadie fuera del arte, prácticas o discursos, ciencia o filosofía, podría cumplir en nuestro mundo humano: dar acceso a lo que no podría verse. (45)

¿Qué ficción pensar para este mundo? ¿Qué representan las escenas del teatro actual frente al pedido de uniformidad? La nueva dramaturgia dijimos, rompe con el teatro de la metáfora, el que sostenía desde sus letras los grandes ideales. Como si renunciara a ofrecer respuestas a las importantes preguntas, se detiene en intervenciones que intentan cuestionar la uniformidad de las respuestas de los megadiscursos. Parece que su objetivo es tender pequeñas redes de relación con su público y lograr conmoverlos, proponer un encuentro, en el sentido de *tyché*[10].

Romper esa realidad uniforme es ya todo un logro, es decir, conmover o sacudir al sujeto que habita en cada espectador, no a las máquinas eficaces que salen por las mañanas.

¿Cómo pensar rituales en una sociedad atravesada por la violencia del acto? En una sociedad que no logra restablecer el más primario de los acuerdos, es decir, el pacto de coexistencia de los hermanos en el que todos se ligan para sostener y soportar el lazo social, ninguna liturgia parece posible.

La persistencia de estos ritos, como el teatro, es entonces la resistencia del sujeto que crea un lugar donde alojarse en la superficie social actual.

---

[10] La *tyché* es la repetición propiamente dicha, es el encuentro con lo real, que como tal es siempre un encuentro fallido, allí donde no hay significante posible. Por lo tanto se ubica más allá del principio de placer freudiano, del lado de la compulsión a la repetición y cercano al trauma.

12. 7.   Consideraciones finales

Hemos explicado cómo la herida que infringe el significante es la responsable de condenar la vida del hombre a la representación, y por lo tanto lo exilia de la verdad, a la que solo accede cuando logra atraparla en las redes de la ficción.

Pero en este mundo contemporáneo, que fue armando el escenario propicio para el capitalismo voraz al que asistimos, donde antes se pretendía que rija la ley social, ahora rige la ley del mercado. El sujeto va tomando cada vez más las cualidades del objeto, y mientras se vacía de historia, de mitos, de genealogía y de ritos, se torna más dócil para convertirse en una mercancía más, y entra en el intercambio de la compra y la venta. Seducido por la promesa de confort y bienestar que ofrecen los pequeños y descartables productos del capitalismo, el sujeto desconoce que cuando fía su felicidad al mercado entrega lo más preciado que posee, su subjetividad.

Perdido de sí, perdida el alma, como dice Kristeva, queda sin recursos para responder al malestar que lo invade y ofrece el único territorio que le queda, el cuerpo, la libra de carne. Por esta razón nuestra apelación al arte, para, desde la clínica analítica, ir al rescate de las ficciones que el sujeto dejó escapar, única manera de poner rostro al malestar y a la angustia que lo afectan. Permitir que el sujeto logre armar una escena en la cual incluirse y desde allí interrogarse.

CAPITULO 13

El sujeto entre la escena teatral y la otra escena

13. 1.   Introducción

Desde sus inicios, para indagar al hombre Freud recurre al arte y a otras manifestaciones residuales para la ciencia, como los sueños, los chistes, los lapsus y los actos fallidos. La hipótesis freudiana es que todas estas manifestaciones dan cuerpo al deseo inconsciente; por lo tanto, son la única vía de acceso a las verdades del sujeto.

Muchas de las producciones teóricas del psicoanálisis recurren a la obra artística para dar sustento a las hipótesis clínicas. Podríamos afirmar que la producción artística siempre atrajo al psicoanálisis como discurso y de esta manera lo puso a hablar, lo convocó a decir sobre ella. Despertó su intriga, su interés, consideró que la obra abriga tras sus velos algún enigma por descifrar, que contiene una verdad oculta que es necesario indagar para producir un saber sobre el sujeto.

Si afirmamos, como Freud y Lacan, que la obra esconde algo de la verdad del hombre, es porque el psicoanalista es convocado, seducido por ella en tanto produce un saber sobre el sujeto. En términos freudianos podríamos decir que lo cautiva cuando encuentra algo del sentido que allí se oculta. Es un acertijo por descifrar, pero la trampa es que quien lo descifra no solo habla del enigma de la obra sino que allí mismo produce un saber sobre sus propios enigmas. Es imposible hablar de la obra sin hablar de uno mismo. Cuando una producción artística atrapa al sujeto en su telaraña lo hace su presa, está en el lugar de la mosca, y para desenredarse necesita hablar.

13. 2.   La escena del arte: una ficción con valor de verdad

El arte en general, y el teatro en particular, son paradigmas del sujeto dividido entre lo real y su semblante, por lo cual ambos ofrecen material apropiado para interrogar las escenas que los sujetos montan.

En su libro *La paradoja de la representación*, Corinne Enaudeau afirma: "No hay otra realidad, otro sujeto ni otro objeto que los que resultan del juego de las miradas y los discursos que los ponen en escena" (21). ¿Qué relación guarda entonces la ficción del sujeto con la que se monta en la escena del espectáculo?

Lo primero que podemos decir es que el teatro, la danza, las performances son las artes que más revelan la construcción de ficción sobre la que vivimos; esto no quiere decir que las otras no lo hagan, pero el actor es el paradigma del farsante que es el sujeto. ¿Dónde está el actor y dónde el personaje? El actor encarna una ficción y, al hacerlo, lleva al extremo de lo visible aquello de que "todo hombre encarna una escena". Sostenido en el espejismo de sus creencias, el sujeto olvida hasta qué punto es movido por un juego de discursos y miradas que le arman la realidad en la que está inmerso. Parafraseando a Néstor Braunstein, el sujeto se debate entre el ser sujeto de una ficción y hacer suya esa ficción.

En cambio, en el paradójico juego del teatro, como plantea Octave Mannoni en el libro *La otra escena*, todos saben que lo que allí se representa es mentira, pero entran en la convención y hacen de cuenta que es verdad; la ilusión es posible porque se dejan engañar. La condición para disfrutar del espectáculo es entrar en el juego del "como si" y regocijarse de la ilusión que allí se propone. Sin embargo, el sujeto no es el yo, y esta artimaña es para el yo, quien, pensando que es mentira, que es ficción, permite que el inconsciente deje escapar alguna verdad. Para tener eficacia, el teatro da forma de ficción a una verdad. Como los sueños, que tras un texto de extraño formato, ocultan una verdad que intenta ser dicha.

La condición de generar una ilusión es lo que diferencia el espectáculo teatral de otras formas de espectáculo. En este ritual se sostiene una ficción entre todos los presentes, dejarse engañar es un acto de complicidad que los hermana. Afirma Enaudeau, refiriéndose al espectador:

> únicamente para ellos se realiza el espectáculo. Ellos se
> muestran allí a la vez como representados en medio de la

escena y como representantes a ambos lados; son
personajes en el espectáculo y comediantes en las butacas,
enteramente entregados al 'tráfico de sí mismos' que signa
la alienación. (21)

Sin este "tráfico" no habría espectáculo, por lo tanto, es necesaria
la mirada cómplice del espectador que allí se excita.

Entran en el peligroso juego de convertirse por un rato en lo que
miran con placer. Se puede ver el crimen, la infidelidad, la venganza, la
deslealtad, la ruptura con todas las prohibiciones que la sociedad impone.
En la fiesta del rito "todos gozan de lo prohibido", total, es ficción.
Comparten la mentira de que nada de eso los excitaría, que los horroriza
lo que se despliega en la escena, y se miran serios con el señor que tienen
al lado; todos respetan la convención de que no son "esos que gozan en el
escenario" y de esta manera pueden desear tranquilos.

13. 3.   La comedia

En el caso de la comedia el recurso del humor se interpone como
un velo, más apropiado aún para que el deseo pueda hacerse presente. Tal
como Freud trabaja en *El chiste y su relación con el inconsciente* (1905), lo
cómico y la risa disfrazan una verdad que se devalúa por ser solo un chiste
y, mientras tanto, son vehículos de esa verdad; dicho al modo de Lacan,
de un real que no podría soportarse de otro modo.

En el *Seminario 5*, Lacan diferencia la comedia de la tragedia, a la
que caracteriza de la siguiente manera:

En los tiempos de la gran época del teatro griego, la
tragedia representa esta relación del hombre con la palabra
en tanto que esta relación lo atrapa en su fatalidad –una
fatalidad conflictiva-, porque la cadena que ata al hombre a
la ley significante, no es la misma en el plano de la familia y
en el plano de la comunidad. Esto es la esencia de la
tragedia. (269)

En definitiva, la tragedia habla del hombre mortificado, apresado por el significante, que lo condena a un lazo social imposible. La comedia, a pesar de que también tiene relación con esto, representa una posición distinta del sujeto, asume una relación diferente con la palabra y con las leyes que esta impone "como el que se aprovecha de ella, goza de ella, la consume" (Lacan. *Seminario 5*, 270). En la comedia se trampea la ley, se logra transgredirla. Lacan la compara con el final del banquete totémico, el momento en que el sujeto se permite, por un rato, desanudarse de la prohibición porque la fiesta lo autoriza. Se permite consumir al animal totémico, goza de lo peor del padre.

En el *Seminario 6, El deseo y su interpretación*, Lacan retoma el tema de la comedia y agrega que tiene la virtud de atrapar el deseo del sujeto, que en el montaje escénico de la comedia el deseo logra realizarse. Y se pregunta: ¿qué es realizar su deseo? Por un lado, podemos decir que es lograr la correlación entre el sujeto y el objeto, pero esta correlación siempre enfrenta la paradoja de que el sujeto desvanece frente al objeto, porque es siempre un objeto prohibido. El deseo marca ese punto donde el sujeto no puede reconocerse deseando ese objeto, porque le está totalmente prohibido, aunque no por ello deje de causarlo.

Entre el sujeto y su objeto de deseo se interpone algo opaco que pospone el encuentro entre ambos. Es el sello del pudor, que vela la posibilidad subjetiva de reconocerse en ese deseo y aparece bajo el síntoma del asco y la vergüenza, señala Lacan, y, como advertimos, les da carácter de síntoma y no de formaciones reactivas.

La comedia, por sus recursos escénicos, logra trampear el pudor.

> La comedia, contrariamente a lo que una vana
> muchedumbre puede creer, es lo que hay de más profundo
> en este acceso al mecanismo de la escena, en tanto le
> permite al ser humano la descomposición espectral de lo
> que es su situación en el mundo. La comedia está más allá
> de ese pudor. (Lacan, *Seminario 6*, 3/06/59)

La escena que monta, con su recurso al ridículo y a lo caricaturesco —recurso al montaje por excelencia—, es lo que funciona como velo en el lugar que antes ocupaba el pudor. El grotesco permite atrapar el deseo allí donde no se lo espera.

> El padre ridículo, el devoto hipócrita, el virtuoso víctima
> de una maniobra adúltera, he ahí aquello con lo que se hace
> la comedia. Pero hace falta, por supuesto, este elemento
> que hace que el deseo no se confiese. Está enmascarado y
> desenmascarado. ((Lacan, *Seminario 6*, 3/06/59)

El velo que instala el pudor, mediante el asco y la vergüenza, se reemplaza por el ridículo. El deseo aparece pero está camuflado, y engalanado por la farsa se permite transgredir la prohibición. La comedia logra sortear la prohibición porque en ella el castigo no se ejecuta. "Está ridiculizado. Está condenado, si llega el caso, pero es por la forma, pues en las verdaderas comedias, el castigo, incluso no roza el ala de cuervo del deseo, que sigue absolutamente intacto" (Lacan, *Seminario 6*, 3/06/59)

A este recurso de la comedia podemos, junto con Lacan, deslizarlo al campo de la clínica. Estas mascaradas y ropajes del montaje escénico de la comedia no son ajenas al sujeto en el ámbito de la sesión analítica. Haciendo uso del recurso imaginario simbólico, el sujeto arma escenas en las cuales logra deslizar su deseo, a veces con el tinte de lo cómico, otras, con lo ridículo. Solo lo encontramos entramado en la fantasmática que un analizante desgrana, y Lacan advierte que desde allí surge la interpretación.

Resumiendo: el disfraz, la exageración y también el ridículo, que incita a la descarga vía la risa, son formas a las que muy frecuentemente apela el sujeto para realizar el deseo y, como sabemos, lo hace siempre por la vía significante. Si un analista descuida esta brújula en la pesquisa del deseo inconsciente, se pierde el banquete.

13. 4.   El Gran Balcón: un laberinto de espejos

> El artista, o el poeta, no tiene por función
> hallar la solución práctica de los problemas del
> mal. Que acepten ser malditos. Perderán el

> alma si la tienen; pero no importa: la obra será
> una explosión activa, un acto a partir del cual el
> público reaccionará, como quiera o como
> pueda. Si el bien debe aparecer en la obra de
> arte, lo hará por gracia de los poderes del canto,
> cuyo vigor, por sí solo, magnificará el mal
> expuesto.
>
> J. Genet. Advertencia en *El balcón*, 11

Así da comienzo Genet a su obra *El balcón*; son palabras preliminares a las que da carácter de advertencia y en ellas fija su posición: el teatro no está para cambiar el mundo, ni para reflejarlo; lo que allí sucede es un acto, una explosión activa. Allí estallan las pasiones y cada espectador debe resolver eso como pueda. Podríamos preguntarnos, entonces, ¿la escena de la clínica es también una explosión activa, donde se ponen en juego las pasiones? Es un acto en sí misma y no el reflejo de algo.

Por otro lado, y aludiendo al problema del bien y a su relación con el deseo, que también nos toca en la clínica, es muy importante señalar que la cuestión del deseo no queda por fuera de la administración del poder; muy por el contrario, el poder siempre está preocupado por este el deseo; en relación a este, Lacan señala:

> Quiero decir que es muy necesario que haya alguna manera social
> y colectiva de manejo con él (el deseo). Esto no es más cómodo
> de un cierto lado de la cortina que del otro. Se trata, siempre, de
> moderar un cierto malestar, 'el malestar en la cultura', como lo
> llamó Freud. No hay otro malestar en la cultura que el malestar
> del deseo. (*Seminario 6*, clase del 3/06/59)

Por este necesario manejo del deseo, la comedia se emparenta con la comida totémica, porque es la tregua donde todos se permiten gozar de lo prohibido, y el poder sabe que funciona como una válvula de descarga social. A pesar de ello, la insolencia con la que se tratan ciertas cuestiones que atañen a la relación entre el hombre y la ley no deja de incomodar a los poderes instituidos.

Esta es una de las razones, las controversias entre el deseo y la administración del poder, que llevan a Lacan a trabajar con *El balcón*, escrita en 1956, que se estrenó por primera vez en Londres y después en Nueva York. Francia no se atrevía a abrirle sus puertas por el rumor de escándalo que rodeaba al texto desde su publicación.

El Gran Balcón es un palacio de ilusiones, un burdel donde los clientes escenifican sus fantasías eróticas secretas. Pueden ocupar el lugar del juez frente al cual una jovencita declara su culpabilidad; el de un obispo ampuloso que recibe las confesiones pecaminosas de las jóvenes, o el de un gran general montado sobre una muchacha que finge ser su caballo.

Uno de los ejes del conflicto es que el prefecto de policía pena porque nadie en el burdel pide ocupar su investidura para gozar. Y se pregunta por qué se goza siendo juez, obispo o general, pero no siendo policía. Todo esto ocurre en el interior de esta casa de citas, mientras fuera la ciudad estalla en una revolución que amenaza con hacer saltar por los aires los cimientos del Estado y, con ellos, los de la casa de tolerancia.

Chantal, una de las prostitutas, se enamora de un plomero, líder del movimiento revolucionario, adhiere a sus principios y se erige en la voz de la revolución. Hábil en el manejo de los secretos masculinos, sabe cómo arengar a la muchedumbre de trabajadores en revuelta. Lo sintetiza muy bien, en la obra, Irma, la dueña del cabaret: "En toda revolución hay una puta exaltada que canta la Marsellesa y se virginiza" (47).

La ciudad está sitiada, el palacio también, y con él la reina, el juez, el general y el obispo desaparecidos en el revuelo. Frente a la ausencia de autoridades que representan el poder, las cosas quedan en el reducto donde el poder se atrinchera cuando perdió la representación, el poder de represión: el prefecto de policía. En efecto, dado el caos, un delegado de la corte se presenta en el prostíbulo para informarle la situación en que se encuentra el palacio real: "Al prelado le han decapitado, el palacio del arzobispo ha sido saqueado, el Palacio de Justicia, el Estado Mayor están en el camino de la derrota" (65).

La reina —el símbolo— ha (des)fallecido. El delegado propone un plan: deshacerse de la imagen de Chantal, que reina en el cielo revolucionario, y, para salvar el orden social restaurar una imagen:--"una estatua definitiva, absurda o familiar, tierna o severa, amable o brutal, siempre impresionante, eterna" (68). Propone que Irma, regenta del burdel, represente a la reina, y los falsos jerarcas (obispo, juez y general) suplanten a los auténticos. —"¿Qué arriesgamos? ¿Que aparezcan en público y mantengan la ilusión?" (72)

Realidad y representación se confunden, mostrando ambas su carácter ficcional. Como en una banda de Moebius, se pasa de una a otra sin atravesar bordes. El mundo es un prostíbulo, el prostíbulo es el mundo, ¡qué más da!

Chantal, voz y alma de la revolución, es atravesada por un tiro, con lo cual la turba se descontrola. Todos los que manejarían el poder, tanto entre los insurrectos como desde los sitios instituidos —reina, obispo, juez— han caído. Pero la "nuevas autoridades prostibularias" representan su farsa. Después de haber salido al gran balcón del burdel y haber saludado desde allí al pueblo, reflexionan:

—"Éramos juez, general, obispo para ser obispo, juez, general, bajo una perfecta, total, solitaria y estéril apariencia" (85) — "Usted —le dicen al delegado— ha querido que lo fuéramos esta noche para contribuir a una revolución, o más bien a un orden, y para perfeccionarlo. Juez, obispo y general, vamos a obrar ahora para reducir sin tregua esos adornos y esas divinidades. Vamos a hacerlos servir" (86).

Queda el policía como única autoridad verdadera, amo absoluto del poder. Esto alimenta sus esperanzas de elevarse al lugar de símbolo que abriría la posibilidad de que alguien quiera gozar de su investidura y así solicitar su traje en las ilusiones del burdel. Con el permiso de las autoridades instituidas en el Gran Balcón, no sin alguna objeción, naturalmente, el prefecto de policía diseña un traje de falo para que lo represente en el burdel. Frente al estupor y, por qué no, alguna emoción de los presentes, alguien se presenta en la casa de citas solicitando, por fin, ser el prefecto de policía. No es cualquiera quien desea investir su ropaje: es el revolucionario fontanero, el amado de la fallecida Chantal, héroe de los trabajadores. Pero la comedia se desencadena cuando la prostituta que juega de *partenaire* del plomero sale anonadada y le relata lo sucedido al prefecto: — "El se vistió, pues, y se disfrazó de usted mismo. Hizo lo que no puedo decir, luego sacó un puñal de una de sus botas y me tiró a la cara la cosa con la cual, señor, ya no desvirgará a nadie" (92).

En conclusión, este hombre que está allí representando los valores de un sujeto que simplemente defiende su dignidad, "el que ha combatido para algo que hasta ahora hemos llamado un quilombo recupere sus cabales, una norma, un estado que pueda ser aceptado como plenamente humano, solo se reintegra en él, una vez pasada la prueba, a condición de castrarse" (Lacan, *Seminario 5*, 276)

De esta manera, el falo será promovido al lugar del significante, representante de otro representante. Solo como perdido, cortado, castrado, puede retornar del lado simbólico.

13.5. La puesta en escena

El nódulo sobre el que trabaja esta tesis es fundamentalmente el montaje, la puesta en escena más que en el texto en sí. Por ello vamos a introducirnos en las indicaciones de puesta que realiza Genet, en las didascalias, o sea, las instrucciones que el autor imparte para que se interprete la obra. Genet insiste en reforzar el carácter de máscara y de disfraz que debe teñir todas las escenas. Pide el uso de coturnos (calzado de gran porte usado por los actores de las tragedias griegas), capas ampulosas, en definitiva, que lo artificial gane el escenario.

Tomando la puesta en escena como protagonista de nuestra indagación, nos resulta interesante hacer una pequeña digresión para comentar la que en 1969 realizó el director Víctor García en San Pablo, Brasil, en el Teatro Ruth Escobar. A esta representación asistió Genet y declaró luego que había presenciado la mejor interpretación de su texto.

García revolucionó el concepto de puesta en escena y la estética teatral. Amante del psicoanálisis y de la arquitectura, hizo del espacio teatral un lugar significante, buscó que se perdiera el pie en la realidad y en lo anecdótico para dar relevancia a lo metafórico. Oriundo de Tucumán, Argentina, triunfó en Paris en los años '60 y su éxito se extendió por toda Europa. La muerte lo sorprendió muy joven y en plena producción, en el año 1982. Fue incluido en *La Antología Teatral*, organizada por Michael Kirby para *The Drama Review*, como uno de los nuevos renovadores del teatro del siglo XX junto con Grotowski, Mnouchkine, Ronconi, Foreman y Robert Wilson.

Nada más difícil que relevar un texto espectacular producido años atrás; lo efímero del teatro hace que esta tarea se torne complicada, lo que se agrava si se piensa que en aquellos años los medios técnicos de registro eran escasos. Afortunadamente, gracias al curador Jefferson Del Rio, invitado a Tucumán por el Proyecto perteneciente al Consejo de Investigaciones de la Universidad Nacional de Tucumán (CIUNT): "Víctor García, trayectoria, pensamiento y creación de un revolucionario del teatro", dirigido por el Arq. Juan Carlos Malcún, y del cual formé parte en ese momento, contamos con material para reconstruir algo del texto de García que citamos.

La puesta rompe con todas las convenciones del teatro a la italiana, o sea, escenario y público separados por la cuarta pared, el telón. Organiza el espacio en forma circular, pero esta estructura no se restringe al plano horizontal: el público está sentado en palcos organizados en forma vertical, uno arriba de otro, formando un círculo, lo que configura un espacio central vacío, como un tubo, por el que bajan y suben, como un ascensor, discos de vidrio sobre los que se desarrollan las escenas. A veces se despliegan en simultáneo dos escenas a distintas alturas. El espectador debe elegir hacia dónde dirigir su mirada. Por otra parte, un espejo parabólico refleja al público en su lugar de *voyeur*. Esta imagen descentrada, fuera de la perspectiva frontal, produce un efecto de anamorfosis que alimenta el clima onírico. Tal como solicita Genet, abundan espejos que reduplican la imagen de manera que realidad y virtualidad, lo real y su semblante, se confunden en el laberinto que esta casa de ilusiones propone. El vestuario y la utilería guardan el más preciso de los cuidados para romper con cualquier realismo; forman parte del mundo del teatro, de la casa de ilusión, del burdel, y lo ponen de manifiesto.

En definitiva, la puesta en escena de García apuesta a un montaje escénico que no pretende reflejar la realidad e inaugura una estética teatral que se despega de lo cotidiano, elevando al máximo la metáfora. Lleva todo lo que allí se exhibe a su valor significante, hasta el modo en que ocupa el espacio y la política con la que distribuye la mirada, llevando a su mayor expresión aquello que Barthes dice del teatro: "la práctica que realiza cálculos sobre aquellas partes de las cosas que son objeto de la mirada: Si pongo aquí el espectáculo, el espectador verá esto o lo de más allá; si lo pongo en otro lugar, no lo verá y esta ocultación podría aprovecharse en beneficio de una ilusión" (93)

Cabe advertir que mientras el público mira la escena, ésta tiene como fondo al espectador sentado del otro lado del círculo incluyéndose, obviamente, en la fantasía erótica. Nada queda librado al azar en el despliegue montado por García; por esta razón creímos oportuno realizar esta mención.

13. 6.   El cuidado por la artificialidad

El detalle de la artificialidad está destacado por Genet en las didascalias; no es un aspecto menor si lo articulamos con lo que se dijo sobre la comedia, el pastiche, el ridículo y la mascarada como condimentos necesarios para velar aquello que de otra manera angustiaría.

En el plano clínico también los fantasmas neuróticos deben contar con un elemento que deje traslucir su artificialidad, condición necesaria para que no angustien. El neurótico puede fantasear escenas y disfrutar de ellas porque sabe que son mentiras, solo una ficción; si las protagonizara en la realidad lo sumirían en la más profunda de las angustias. En la obra de Genet lo acota la dueña del burdel: — "Siempre hay un detalle falso que les recuerda que en determinado momento, en determinada parte del drama, tienen que pararse e incluso retroceder..." (41).

Una escena muy ilustrativa de este detalle neurótico es aquella en la que planean armar el montaje para un cliente que tiene la ilusión de encontrarse, en eróticas circunstancias, con Santa Teresa. Cuidan cada detalle del vestido para remedar la imagen, hasta que una de las prostitutas pregunta: "—¿cuál será el detalle de artificialidad del vestuario?"--- (39)

Esto falso, ilusorio, artificial es la condición necesaria para que la escena se arme para el neurótico.

En otra de las referencias a *El balcón*, en el último capítulo del *Seminario 8*, Lacan hace hincapié en esta cuestión:

> Encontrarán ustedes con facilidad el pasaje de *El balcón* donde Genet indica de un modo admirable algo que las chicas del prostíbulo conocen bien, sean cuales sean las elucubraciones de aquellos señores sedientos de ver encarnado su fantasma, hay un rasgo común a todos ellos: en la representación es necesario un rasgo que lo haga no verdadero, pues de lo contrario, quizá si se convirtiera del todo en verdadero ya no habría forma de saber dónde está uno. Quizá al sujeto ya no le quedaría forma de sobrevivir a eso. Se trata de esto, del lugar del significante tachado, necesario para que se sepa que no es más que un significante. La indicación de lo inauténtico es el lugar del sujeto como primera persona del fantasma. (434)

Por esta razón, por el recurso extremo, caricaturesco, es que la comedia permite que el deseo se ponga en escena sin despertar angustia.

13. 7.   Gozar del poder

Los poderes que en la obra aparecen como símbolos — Iglesia, Justicia y Ejército— son cúspides de la sociedad en tanto encarnan sus valores más preciados. Están sostenidos, como sabemos, por un imaginario social.

> La función del imaginario social es operar en el fondo común y universal de los símbolos, seleccionando los más eficaces y apropiados a las circunstancias de cada sociedad, para hacer marchar el poder. Para que las instituciones del poder, el orden jurídico, las costumbres, la religión, se inscriban en la subjetividad de los hombres, para hacer que los conscientes y los inconscientes de los hombres se pongan en fila. (Marí, "El dispositivo del poder: discurso del orden e imaginario social", 64)

Es un espacio en el que los rituales, tanto religiosos como profanos, montan su escena. La función del imaginario es "fundir y cincelar la llave de los cuerpos para el acceso de la ley" (Marí. "El dispositivo del poder: discurso del orden e imaginario social", 66). De este modo, crea las condiciones necesarias para que el poder se introduzca en la subjetividad operando desde las fibras más íntimas. Esto es posible porque el imaginario anida en las creencias de los sujetos, se alimenta de epopeyas, mantos sagrados, leyendas, espadas y blasones, y logra así consustanciar a todos con los pactos fundacionales del poder. Ofrece a los sujetos un lugar en la escena del mundo a cambio de la identificación con los ideales propuestos, porque integrando al hombre en los mitos fundacionales fortalece el lazo social; sitúa de este modo a todos los miembros de la comunidad como partes responsables de sostener el pacto, con lo cual quedan ligados a la ley.

Pero los textos de Freud nos mostraron que el ideal no solo tiene sus raíces en el orden simbólico, sino que también guarda una estrecha relación con el superyó. Este es el lado peligroso del ideal, el lado desde el cual puede gozarnos, porque justamente desde él se erotiza la relación con el ideal. El padre idealizado, por ejemplo, es siempre un padre al que el neurótico ofrece sacrificios para sostenerlo en su lugar; es, en definitiva, un padre gozador, pero bajo un rostro amable.

De igual modo se muestra en la obra de Genet el envés de los símbolos idealizados del poder; el hecho de que ocurra en el teatro permite gozar de su desacralización y al mismo tiempo identificarse allí donde se les supone el goce. Sin embargo, el prefecto de policía encarna el más puro y simple poder de la fuerza; queda fuera de todo ritual de sacralización, exterior a los sacrosantos poderes que entroniza el imaginario social. El poder de policía, justamente, representa en la obra el poder despojado de los blasones, y como no se eleva al estado de ideal, nadie pretende identificarse con él. Sin lugar a dudas, la obra señala que estas funciones o lugares de referencia simbólica perdieron su rumbo y dejaron al descubierto su cara terrible, la que en lugar de legislar goza del poder que la sociedad le otorga. Los símbolos del poder se van degradando hasta igualarse con los viejecillos que retozan en el prostíbulo con sus fantasías eróticas. Lo que muestra la escena es la descomposición de las referencias simbólicas de una sociedad que pierde toda representación y solo se sostiene en la desnudez de la fuerza bruta, es decir, en el poder de represión. Exaltar la faceta perversa del poder es la manera que encuentra el autor de marcar la degradación de esos lugares de referencia. Pero como venimos afirmando, la obra se dirige por el camino de la farsa y no por el de la perversión, a pesar de jugar hasta el extremo la escena perversa, incluso hasta su ridiculización. Como afirma Lacan: "todo el burdel, toda esta confusión que se establece en las relaciones no obstante sagradas y fundamentales del hombre y de la palabra; todo el burdel está allí representado en su lugar, y sabemos de qué se trata" (Lacan. *Seminario 5*, 272)

Por último tenemos al noble fontanero, héroe de la revolución, que representa al hombre que defiende sus principios, quien ha combatido para que este descontrol recupere su curso y alguna ley vuelva a regir. Reviste el falo, viste el disfraz del policía y da prueba de su virilidad, pero para recuperar la faz simbólica del poder debe pasar por la castración.

> Es decir, de hacer que el falo sea algo que sea de nuevo promovido al estado de significante, a ese algo que pueda o no, dar o retirar, conferir o no conferir, esto que en este momento se confunde, y de la manera más explícita, es decir que es aquí, después de esto que se termina la comedia, se confunde y se une la imagen del creador del significante del padre nuestro, del padre nuestro que estás en los cielos. (Lacan. *Seminario 5*, 276)

La revolución apela a la violencia para mover los cimientos del poder, como ocurre generalmente en todos los movimientos de cambio social; pero para que efectivamente algún cambio se instale será necesaria la falta, la castración, única manera de que la ley circule.

13. 8.   Consideraciones finales

Nos preguntábamos: ¿cómo se articula la relación entre las escenas que monta el teatro y lo que montan los sujetos a sesión?

Tomando este texto de Genet como pretexto, y también el texto espectacular de García, vemos que en ambos casos se cumple con el propósito del autor en la advertencia inicial: el teatro es acto, y no relato, tema asimilable al de la sesión analítica, es un acto en el aquí y ahora, y es allí donde se produce la magia del encuentro.

El teatro, como otras formas del arte, permite dar rostro a los fantasmas neuróticos, al dolor de existir. Como decíamos al principio de este capítulo, desde las grandes tragedias de la antigüedad hasta nuestros días se plantea esa relación mortificante entre el hombre y la palabra, entre el hombre y la ley que lo constriñe. Esta pieza, en particular, cumple con el propósito de la comedia y logra burlarse de la prisión, logra hacer gozar a todos y cada uno en las fantasías eróticas a propósito del padre. Pero al mismo tiempo que hace gozar se burla de la propia fantasía, se ríe de su costado abyecto y esto permite la distancia, condición necesaria para que la comedia cumpla su cometido.

> Como buena producción del siglo XX, esta pieza adentra
> sus raíces en esa particular articulación entre rostro y
> máscara, entre desnudez y travestismo. (Badiou, 69)

Pone al descubierto ese montaje teatral que el poder necesita para sostenerse, amparado en una escena ideológica, y los desbordes por los que transita. Es así como toda representación debe leerse en su carácter sintomático.

Ahora bien, la obra plantea la relación paradojal que se establece entre los hijos y el padre, entre los pueblos y sus representantes: todo hijo le solicita al padre que se despoje de sus pasiones para ocupar el lugar simbólico que se le asigna pero por otro lado, no puede dejar de fantasear con ser él, el hijo, el objeto que despierta sus pasiones. No resisten a la tentación de ser, pueblos o sujetos, el objeto de los ardores del padre.

Lo que Freud vino a decir, apelando a tres grandes mitos —Edipo, Tótem y Tabú, Moisés—, es que la función paterna es fallida por principio, que no todo en el padre es legislante. Lacan da cuenta de ello cuando pluraliza su nombre y comienza a usar Los Nombres del Padre, haciendo alusión a todo el espectro que se abre entre El Padre del Nombre como pura palabra y sus formas más gozosas, sus contradicciones, sus imposibilidades. La ley no puede jamás legislarlo todo, siempre hay un resto que escapa a su regulación, y será justamente esa grieta incurable la que se erige como una amenaza perpetua para la sociedad. El delicado equilibrio entre la ley del padre y su envés será lo que permita o no que una sociedad funcione o se derrumbe.

Pero, más allá de esta faz imposible de la función de quien legisla, deberíamos preguntarnos: ¿los hijos amarían a los padres, o los pueblos a sus gobernantes, si no hubiera lugar para fantasear escenas de seducción por parte del ellos? ¿Cómo amar y obedecer a un padre que no es sensible a las plegarias, a los sacrificios, a las seducciones del hijo? ¿Cómo amarlo si no es posible fantasearlo como capaz de gozar? Irreductible paradoja la del hombre: para poder entronizar un lugar de poder que lo ampare necesita que algún aspecto de ese poder goce. Si así no fuera, como afirma Lacan, Freud no hubiera conceptualizado el ideal del yo simultáneamente con el surgimiento de los grandes totalitarismos.

Esta comedia de Genet nos ubica en una pista privilegiada para entender el lugar de la máscara y, junto con él, el lugar de la escena que esta máscara despliega. Y nos muestra el lado más oscuro del sujeto, porque cuando habla de las obscenidades del padre, no hace más que señalar las complicidades del hijo, tema delicado en tanto marca justamente el lugar en el que el hombre no quiere reconocerse, ese fantasma que el sujeto siente como ajeno. El que goza de las obscenidades del padre nunca es el propio sujeto. Sin embargo, insistimos, la clave de comedia nos permite a todos transitar estos oscuros caminos, reconocernos allí y negarlos al mismo tiempo. Con el recurso de la risa muchas verdades se soportan y se toleran rostros que de otra manera no se aguantarían; sin temor al castigo superyoico, sino burlándose de sí mismo.

Si transportamos lo anterior al ámbito de la sesión analítica, reconocemos con seriedad la necesidad de dar lugar al humor y, ¿por qué no?, al recurso de la comedia para que ciertas máscaras con las que un analizante llega puedan perder certeza y consistencia imaginaria.

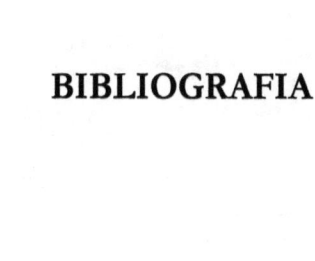

BIBLIOGRAFIA

BIBLIOGRAFÍA GENERAL

Abad, Gabriela. "La subjetividad en el proceso judicial" .En Gerez Ambertín, Marta. *Culpa, responsabilidad y castigo* Vol. II. Buenos Aires: Editorial Letra Viva, 2004. 123-144

Badiou, Alain. *El siglo.* (1995. Barcelona: Editorial Manantial, 2005.

Barthes, Roland. *Lo obvio y lo obtuso* (1986). Buenos Aires: Editorial Paidós, 1995.

Blanquez Fraile, Agustín. *Diccionario. Latino Español* (1946). España: Editorial Sopena, 1997.

Braunstein, Néstor. "Freud y Schöenberg. La prohibición mosaica de la representación y la renuncia pulsional". *PSIKEBA Revista de Psicoanálisis y Estudios Culturales* (2006).

http://www.psikeba.com.ar/munero/0004.htm

---. *Goce* (1990). México: Siglo XXI Editores, 2003.

---. *En el camino de Freud.* Buenos Aires: Siglo XXI editores, 2001.

---. *Ficcionario de psicoanálisis.* México: Siglo XXI Editores, 2001.

---. *Freudiano y Lacaniano.* Buenos Aires: Editorial Manantial, 1990.

Cosentino, Juan Carlos. *Construcción de los conceptos freudianos.* Buenos Aires. Editorial Manantial, 1993.

Enaudeau, Corinne. *La paradoja de la representación.* Buenos Aires: Paidós Editores, 1999.

Freud, Sigmund. "Estudios sobre la histeria" (Freud y Breuer) (1893-95). *Obras completas.* Vol. III. Buenos Aires: Amorrortu Editores, 1986.

---. "Las neurosis de defensa" (1894). *Obras completas.* Vol. III. Buenos Aires: Amorrortu Editores, 1986.

---. "La herencia y la etiología de las neurosis" (1896). *Obras completas* Vol. III. Buenos Aires: Amorrortu Editores, 1986.

---. "Nuevas puntuaciones sobre neuropsicosis de defensa" (1896). *Obras completas* Vol. III. Buenos Aires: Amorrortu Editores, 1986.

---. "La etiología de la histeria" (1896). *Obras completas* Vol. III. Buenos Aires: Amorrortu Editores, 1986.

---. "La sexualidad en la etiología de neurosis" (1898). *Obras completas* Vol. III. Buenos Aires: Amorrortu Editores, 1986.

---. "Carta 63 (Manuscrito adjunto)" (1990). *Obras completas* Vol. I. Buenos Aires: Amorrortu Editores, 1986.

---. *La interpretación de los sueños* (1900-1901). *Obras completas* Vol. IV y V. Buenos Aires: Amorrortu Editores, 1986.

---. *Psicopatología de la vida cotidiana* (1900-1901). *Obras completas* Vol. VI. Buenos Aires: Amorrortu Editores, 1986.

---. "Fragmento de análisis de un caso de histeria (Dora)" (1905 [1901]). *Obras completas* Vol. VII. Buenos Aires: Amorrortu Editores, 1986.

---. *Tres ensayos de una teoría sexual* (1901-1905). *Obras completas* Vol. VII. Buenos Aires: Amorrortu Editores, 1986.

---. "Acciones obsesivas y prácticas religiosas" (1907). *Obras completas* Vol. VIII. Buenos Aires: Amorrortu Editores, 1986.

---. "El creador literario y el fantaseo" (1908). *Obras completas* Vol. VIII. Buenos Aires: Amorrortu Editores, 1986.

---. "A propósito de un caso de neurosis obsesiva" (1909). *Obras completas* Vol. X. Buenos Aires: Amorrortu Editores, 1986.

---. *Tótem y Tabú* (1913). *Obras completas* Vol. XIII. Buenos Aires: Amorrortu Editores, 1986.

---. "Sobre la dinámica de la transferencia" (1912). *Obras completas* Vol. XII. Buenos Aires: Amorrortu Editores, 1986.

---. "Consejos al médico sobre el tratamiento" (1912). *Obras completas* Vol. XII. Buenos Aires: Amorrortu Editores, 1986.

---. "Sobre la iniciación del tratamiento" (1913). *Obras completas* Vol. XII. Buenos Aires: Amorrortu Editores, 1986.

---. "Recordar, repetir, reelaborar" (1914). *Obras completas* Vol. XII. Buenos Aires: Amorrortu Editores, 1986.

---. "Puntuaciones sobre el amor de transferencia" (1915). *Obras completas* Vol. XII. Buenos Aires: Amorrortu Editores, 1986.

---. *Introducción al narcisismo* (1914). *Obras completas* Vol. XIV. Buenos Aires: Amorrortu Editores, 1986.

---. "La represión" (1915). *Obras completas* Vol. XIV. Buenos Aires: Amorrortu Editores, 1986.

---. "Lo inconsciente" (1915). *Obras completas* Vol. XIV. Buenos Aires: Amorrortu Editores, 1986.

---. "Los caminos de formación del síntoma" (1916/7). *Obras completas* Vol. XV. Buenos Aires: Amorrortu Editores, 1986.

---. "Historia de una neurosis infantil" (1918). *Obras completas* Vol. XVII. Buenos Aires: Amorrortu Editores, 1986.

---."<Pegan a un niño>. Contribución al conocimiento de la génesis de las perversiones sexuales" (1919). *Obras completas* Vol. XVII. Buenos Aires: Amorrortu Editores, 1986.

---. "Lo ominoso" (1919). *Obras completas* Vol. XVII. Buenos Aires: Amorrortu Editores, 1986.

---. *Más allá del principio del placer* (1920). *Obras completas* Vol. XVIII. Buenos Aires: Amorrortu Editores, 1986.

---. *El yo y el ello* (1923). *Obras completas* Vol. XIX. Buenos Aires: Amorrortu Editores, 1986.

---. "Una neurosis demoníaca en el siglo XVII" (1922/23). *Obras completas* Vol. XIX. Buenos Aires: Amorrortu Editores, 1986.

---. "El problema económico del masoquismo" (1924). *Obras completas* Vol. XIX. Buenos Aires: Amorrortu Editores, 1986.

---. "El sepultamiento del complejo de Edipo" (1924). *Obras completas* Vol. XIX. Buenos Aires: Amorrortu Editores, 1986.

---. "Inhibición, síntoma y angustia" (1926). *Obras completas* Vol. XX. Buenos Aires: Amorrortu Editores, 1986.

---. "29° Conferencia. Revisión de la teoría de los sueños" (1933). *Obras completas* Vol. XXII. Buenos Aires: Amorrortu Editores, 1986.

---. "Esquemas del psicoanálisis" (1934). *Obras completas* Vol. XXIII. Buenos Aires: Amorrortu Editores, 1986.

---. "Un trastorno de la memoria en la Acrópolis" (1936). *Obras completas* Vol. XXIII. Buenos Aires: Amorrortu Editores, 1986.

---. "Análisis terminable e interminable" (1937). *Obras completas* Vol. XXIII. Buenos Aires: Amorrortu Editores, 1986.

Genet, Jean. *El balcón, Severa vigilancia* y *Las sirvientas* (1957). Buenos Aires: Editorial Losada, 1975.

Geirola, Gustavo. "Aproximaciones lacanianas a la teatralidad del teatro: desde la fase del espejo al modelo óptico". En *En torno a convenciones y novedades*. Buenos Aires: Editorial Galerna, 2009. 33-52

Gerez-Ambertín, Marta. "Vicisitudes del acto criminal: Acting-out y pasaje al acto". En *Culpa, responsabilidad y castigo*. Vol III. Buenos Aires. Letra Viva Editorial, 2009.

---. *Entre deudas y culpas: Sacrificios*. Buenos Aires: Letra Viva, 2008.

---. *El superyó en la clínica freudolacaniana*. Publicación de las Secretarías de Postgrado y Ciencia y Técnica de la Universidad nacional de Tucumán, 1999.

---. *Los Imperativos del Superyó*. Buenos Aires: Lugar Editorial, 1999.

---. *Las Voces del Superyó*. Buenos Aires: Editorial Manantial, 1993.

Giberti, Eva. "El incesto paterno filial contra hijo/hija". En *Psicoanálisis, estudios feministas y género*, 1998.
www.psiconet.com/foros/genero/paternofilial.htm

Glasman, Sara. "Recordar, repetir y reelaborar". *Revista Conjetural* 45 (2006): 57-66.

---. "La escritura del corte". Revista *Conjetural* 34 (1998): 17 - 40

Guyomard, Patrick. *El deseo de ética*. Buenos Aires: Editorial Paidós, 1999.

---. *El goce de lo Trágico*. Buenos Aires: Ediciones de la Flor, 1997.

---. "Acerca de lo imaginario, lo simbólico y lo real". En *Objetos caídos*. N° 1. Chile: Universidad Diego Portales, 1996.

Hartmann, Alicia. *No se vuelve loco el que quiere*. Buenos Aires: Editorial Letra Viva, 2011.

---. *En busca del niño en la estructura*. Edición ampliada. Buenos Aires: Editorial Letra Viva, 2009.

Koop, Guillermo. "Cuerpo, sueño, teoría" (1978). *Conjetural Revista psicoanalítica* 35 (1999): 27 – 33.

Kozicki, Enrique. *Hamlet, el padre y la ley*. Buenos Aires: Editorial Gorla, 2004.

Kristeva, Julia. *La revuelta intima. Literatura y psicoanálisis.* Buenos Aires: Eudeba Editorial, 2001.

Lacan, Jacques. Seminario 1: *Los Escritos Técnicos de Freud* (1953-54). Buenos Aires: Editorial Paidós, 1983.

---. Seminario 2: *El yo en la teoría de Freud y en la Técnica psicoanalítica* (1954-55). Buenos Aires: Editorial Paidós, 1983.

---. Seminario 3: *Las Psicosis* (1955-56). Buenos Aires: Editorial Paidós, 1986.

---. Seminario 4: *La relación de objeto* (1956-57). Buenos Aires: Editorial Paidós, 1994.

---. Seminario 5: *Las Formaciones del Inconsciente* (1957-58). Buenos Aires: Editorial. Paidós, 2007.

---. Seminario 6: *El deseo y su Interpretación* (1958-59). Inédito.

---. Seminario 7. *La Ética del Psicoanálisis* (1959-60). Buenos Aires: Editorial Paidós, 1990.

---. Seminario 8: *La Transferencia* (1960-61). Inédito.

---. Seminario 10: *La Angustia* (1962-63). Buenos Aires: Editorial Paidós, 2006.

---. Seminario 10 bis: *Los Nombres del Padre.* (1963) Inédito.

---. Seminario 11. *Los cuatro conceptos fundamentales* (1964). Buenos Aires: Editorial Paidós, 1995.

---. Seminario 12. *Problemas cruciales del Psicoanálisis* (1965-66) Buenos Aires: Editorial Paidós, 1990

---. Seminario 14. *La lógica del fantasma* (1966/67) Inédito.

---. Seminario 15. *El acto analítico* (1968-69). BuenosAires: Editorial Paidós, 1990.

---. *Escritos 1 y 2.* Buenos Aires: Siglo XXI Editores, 1988.

Laplanche, J y J.B Pontalis. *Diccionario de Psicoanálisis* (1967). Buenos Aires: Editorial Paidós, 2006.

Legendre, Pierre. *La fabrica del hombre occidental.* Buenos Aires: Amorrortu Editores, 2008.

---. *El tajo.* Buenos Aires: Amorrortu Editores, 2008

---. *Lo que occidente no ve de occidente.* Buenos Aires: Amorrortu Editores. 2008

---. *El inestimable objeto de la transmisión*. México: Siglo XXI Editores, 1996.

---. *El Crimen del Cabo Lortie*. México: Siglo XXI Editores, 1994.

Mannoni, Octave. *La otra escena. Claves de lo imaginario* (1973). Buenos Aires Amorrortu Editores, 1990.

Marí, Enrique. *Teoría de las ficciones en Jeremy Bentham. En Derecho y Psicoanálisis* (1994). Buenos Aires: Editorial Edicial, 1996.

---. "El dispositivo del poder: discurso del orden e imaginario social". *En Derecho y Psicoanálisis (1994)*. Buenos Aires: Editorial Edicial, 1996.

---. *Racionalidad e Imaginario Social en el Discurso de Orden* en *Derecho y Psicoanálisis* (1994). Buenos Aires: Editorial Edicial, 1996.

Nominé, Bernard. *El marco del fantasma y el lienzo de las identificaciones* (1995). Transcripción del seminario dictado en San Sebastián, 1990.

Rabant, Claude. *Inventar lo Real*. Buenos Aires: Nueva Visión, 1993.

Rabinovich, Diana. *La Angustia y El Deseo del Otro* (1988). Buenos Aires: Editorial Manantial, 1993.

---. *El concepto de objeto en la teoría psicoanalítica* (1988). Buenos Aires: Editorial Manantial, 1990.

Rancière, *Jacques. El inconsciente estético*. Buenos Aires: Editorial del Estante, 2006.

Ritvo, Juan Bautista. "El estatuto de la imagen en Freud". *Revista Conjetural* 45 (2006): 43 – 54.

Sharpe, Ella. *Manual práctico para psicoanalistas*. Buenos Aires: Ediciones Hormé, 1964.

Silvestre, Michel. *Mañana el psicoanálisis* (1987). Buenos Aires: Editorial Manantial, 1988.

Wajcman, Gérard. *El arte, el psicoanálisis y el siglo*. En *Lacan, escrito e imagen* (2000). Buenos Aires: Editorial Del Cifrado, 2003.

Zizek, Slavoj. *El acoso de las fantasías*. México: Siglo XXI Editores, 1999.

---. *Mirando al sesgo* .Buenos Aires: Paidós editores, 2002.

INDICE

Agradecimientos

Argus-a

Artes y Humanidades / Arts and Humanities

Los Ángeles-Buenos Aires

2015

www.ingramcontent.com/pod-product-compliance
Lightning Source LLC
Chambersburg PA
CBHW030920180526
45163CB00002B/413